U0937243

献给最爱我们的父母

和我们深爱着的孩子，

愿爱没有伤害，

愿爱得从容、温暖！

高效能陪伴

用爱与陪伴
成就孩子一生的富足

陈一彬◎著

江苏凤凰科学技术出版社 · 南京

图书在版编目（CIP）数据

高效能陪伴 / 陈一彬著 . -- 南京 : 江苏凤凰科学技术出版社 , 2023.1
ISBN 978-7-5713-3183-2

Ⅰ . ①高… Ⅱ . ①陈… Ⅲ . ① 家庭教育 Ⅳ . ① G78

中国版本图书馆 CIP 数据核字 (2022) 第 157166 号

高效能陪伴

著　　者	陈一彬
责任编辑	倪　敏
责任校对	仲　敏
责任监制	方　晨
出版发行	江苏凤凰科学技术出版社
出版社地址	南京市湖南路1号A楼，邮编：210009
出版社网址	http://www.pspress.cn
印　　刷	佛山市华禹彩印有限公司
开　　本	718 mm×1000 mm　1/16
印　　张	14.25
字　　数	160 000
版　　次	2023年1月第1版
印　　次	2023年1月第1次印刷
标准书号	ISBN 978-7-5713-3183-2
定　　价	58.00元

推荐语
Recommend

《高效能陪伴》是一位全情投入的父亲，在向读者展示自己与孩子的彼此教育与共同成长过程。它让我们看到，有父亲陪伴的孩子拥有怎样多彩与无限可能的童年，以及孩子在思维、品格上的独特之处。我把此书推荐给大家，希望全天下的父亲能把爱孩子的心转化为陪伴孩子的实际行动，从作者坦诚、朴实、用心的讲述中获得教育孩子的经验与启示，让每个孩子获得来自父亲的滋养。

——北京师范大学儿童家庭教育研究中心主任 边玉芳

《高效能陪伴》是陈一彬老师以一名教师的担当和爱在20多年教育实践中所提炼的智慧。书中提到陪着不等于陪伴、亲子陪伴的金字塔、快乐教育的误区等观点我非常认同。本书不仅能促使教育者对培养孩子过程中理念上的思考，而且具有实操性，值得细读。让我们和孩子共同成长，一起向未来。

——国内外知名教育心理学家、中科院心理所研究员 张梅玲这是一个非常注重孩子培养的家庭，孩子全面发展，热爱音乐。他们用高效能的陪伴为孩子播撒了爱与音乐的种子，相信幸福和勇气会伴随孩子的一生。

——国家一级指挥家 曹鹏

对待孩子，不仅要拥有爱，更要善于表达爱，不要让殷切的关心成为压力和伤害。其实，何止是对待孩子，学习如何传递爱，应该是每个人一生的功课。打开这本书，和孩子一起学会爱吧！

——国际知名钢琴演奏家 吴纯

陈一彬先生多年来一直在幼教领域深耕不辍，于基础理论和实践经验两方面均颇有心得。特别是在幼儿早期的成长过程中，如何将日常的生活行为与有指向的教育行为相融合方面，提出了具体的指导意见。应当说，在对于人的早教、幼教发展阶段的教育实践，既是一种思想方法的变革，也是一种工作方法的创新。

这本书好在不仅告诉读者应当做什么，而且讲清楚了应当怎样做。我认为也只有这样，才能够给予读者具体而确切的帮助，使他们将随机发生的日常生活行为，转变为有目的、有意义的教育行为和促进发展行为。

特别是这本书出自一位父亲之手，文笔细腻，感情丰富，令人十分感动。在我看来，父亲是一个坚毅的称谓，意味着担当与责任。

在孩子的成长过程中，父亲不能缺席。因为父亲的角色不仅能够为孩子带来安全感，更是他们模仿学习的榜样，对他们的心理发展、气质形成和人格完善所产生的影响，深刻而久远，具有不可替代的作用。

陈一彬先生是一位事业上的成功人士，同时有着幸福美满的家庭。之所以能够获得双重的丰收，是因为他出色地承担了父亲与教师的双重角色，践行了两个关键词——榜样和陪伴。

从实践意义上讲，我们应当感谢陈一彬先生为大家提供的实践案例和行动指南。书中的案例真实而具体，不会使读者产生距离感，仿佛就发生在自己的身边或者似曾相识，很能吸引读者读下去，并且可以帮助年轻的父母，在毫无思想准备、心理准备和经验准备的条件下，也能够按图索骥、照方抓药地行动，收获预期的理想效果。

——原芳草地国际学校总校长 苏国华

孩子的成长，不仅需要健康的身体，还需要丰富的情感世界。从小缺乏陪伴的孩子，内心缺乏安全感，情感的世界一片荒芜。如何有效地陪伴孩子成长，是当今广大父母最困惑的问题。陈一彬先生这本《高效能陪伴》的出版，如同雪中送炭，会帮到许多家庭。父母和家人掌握了陪伴孩子的科学方法，就能够和孩子建立起爱、温暖和亲密的关系。

——“知心姐姐” 卢勤

亲子关系是人生的第一关系，亲子陪伴中隐藏着许多成长的密码。陈一彬仿佛一位笔触细腻的画家，将孩子如何获得安全感、价值感、归属感，父母如何做到充分理解、立场坚定、态度温和、指令明确，以及哪些养育行为其实是控制型的、不成熟的、无效的爱……栩栩如生地“画”了出来。本书文笔流畅，兼顾专业性和可读性，真实故事极具画面感。相信这本书能启发很多父母反思自己陪伴孩子的效能，从孩子成长的“阻力”转化为“助力”。

——《中国教育报》家庭教育周刊主编 杨咏梅

能够兼顾工作和陪伴孩子，是一件特别不容易的事。这本书中提供了不少行之有效的陪伴方法和实践经验，也探讨了许多可能性，让陪伴不仅落到实处，还能变得高效，值得每一位家长借鉴。

——中国教育电视台主持人 赵茁耳

自序

Preface

每个父母都想要给孩子最好的教育，但什么是最好的教育呢？有人不惜金钱，给孩子提供最好的教育资源，有人不停地逼迫孩子，日程表都安排得满满的……似乎好的教育就是要让孩子装下更多的知识，学会更多的技能。

真的是这样吗？教育并不是一个新鲜词，我想它的精髓也一定不会随着时代的变化而不断更改。好的教育是要帮助孩子找到他的使命，并坚定地去实现它。而对于父母来说，最重要的则是如何做好自己，只有当我们扮好了父母的角色，成为一个有责任心、有爱心的人，并在生活的点滴之中传递给孩子所需要的爱，成为值得孩子信赖的人和可学习的榜样，教育也就发生了。而这一切的前提，就是我们要给予孩子足够的陪伴，因为只有在陪伴中，我们才有机会去读懂孩子的内心，满足孩子的需求，从而让孩子具备足够的力量，自发主动地去学习、成长。这既是教育本身，也是教育的起点。

20 多年前，我在一所高中当老师。我那时候就发现，那些有父母陪伴、得到父母的关爱、与父母关系融洽的孩子，他们不但在生活中更活跃，在学习上也更有钻研精神，后来进入社会也更容易过得幸福。而我当时带的还多是平行班，这些孩子的未来并不被大家看好。这就让我思考，我们的教育到底应该做什么。

后来我开始专门研究教育，为此还读了教育博士。我发现中学生的很多问题已经很难解决，需要追溯到小学。于是我到了小学做研究，我发现小学生的许多问题如果在幼儿园阶段解决了，他们的成长会顺利和高效很多。因此我又投入学前教育的实践，创办多家幼儿园，希望在实际办学中找到一套理想的教育模式。

多年过去，我接触了各种各样的孩子，各种各样的父母和家庭，也追踪了不少孩子的完整教育过程和他们进入社会后的表现。我发现，那些学业优秀、性格良好、生活幸福的孩子，他们几乎都有着一个共同的特点——与父母有着健康美好的关系，特别是幼儿期和儿童期在父母的陪伴中成长的孩子。这与我当中学老师时观察到的现象不谋而合。

后来我有了自己的孩子，我把我所研究的一切在自己的养育中做了大胆的实践，通过与参照家庭的对比，更加证实了这一点。

然而，回到现实，对于大多数父母来说，日子似乎越来越忙碌，在忙碌的生活、工作中，陪伴孩子俨然成了一件奢侈的事。因为陪伴的缺失，很多孩子出现了各种各样的问题，不少问题也是当前社会热点话题，比如空心病、儿童暴力事件等。我们溯源发现，这些问题的产生固然有多种因素，但缺少父母的陪伴、家庭亲子关系不好几乎是共同因素。很多缺少亲子陪伴的孩子，即便长大后取得了很好的成就，他们的内心也始终有缺损。

我知道很多父母并非认识不到陪伴的重要性，而是在生活的重压下被迫做出违心的选择。这的确令人遗憾，但我想总是有办法可以解决的吧。

作为一位忙碌的爸爸，既然我能够在难得的闲暇里陪伴孩子成长，我想，大多数父母应该也能。为此，我把自己这些年来的思考所得和实践经验做了总结，也就是这本《高效能陪伴》。通过这本书，我也希望，我的经历至少能为千千万万忙碌的父母展现一种可能性，那就是，无须焦虑，无须“疯狂”，无须投入大量金钱，只要在孩子的成长早期，父母通过高效能陪伴，就能让孩子的潜能不断得到释放，让成长之路充满无限可能性，更能让孩子在一项项快乐的尝试中不断取得成功，从而点燃内在动力。这些并不困难，我想每一位父母只要愿意都是可以做到的。

在这本书中，或许你可以看到，有父亲陪伴的孩子拥有怎样多彩与无限可能的童年，以及孩子在思维、品格上的独特之处。书中我尽量避免使用枯燥的教育理论，有的只是坦诚、朴实、用心的讲述，融合我自己多年从事教育积累的大量案例，以及陪伴孩子成长过程中的经验。

在书中，我也使用了一些我所接触过的案例，我要感谢这些父母对我敞开心扉，让我看到了不同家庭的养育生态，并通过为他们提供咨询，获得了宝贵的经验。在提供养育支持的过程中，我也很欣喜地见证了一些父母的陪伴之路，感动于他们与孩子之间那份真诚的爱，正是这份爱，让我更有力量投入教育事业，也让书中所有的观点有了动人的温度。

苏格拉底说：“教育不是灌输，而是点燃火焰。”我们相信，父母的陪伴就是那最初的火星。愿每一位父母都能做合格且有智慧的父母，让孩子在陪伴中自由地呼吸，享受生命的快乐！

陈一彬

2022 年初夏于北京

目 录

Contents

第1章 让家成为孩子无比踏实的港湾

第2章 亲子关系是一切教育的前提

适宜的爱，才能托起孩子

每个孩子都是一座宝矿

陪出六种能力，给孩子面对世界的底气

走出快乐教育的迷思

第1章
让家成为孩子无比踏实的港湾

当孩子感受到父母的爱是因着他是他们的孩子而非别的原因，父母关心的永远是他这个人的时候，家便成为他无比踏实的港湾，孩子心中自然会有一种自豪感和力量。

建立你和孩子独有的“爱的蜜语”

爸爸：“我有你这样的儿子真幸福！”

儿子：“我有你这样的爸爸真幸福！”

爸爸：“我爱你，儿子！”

儿子：“我爱你，爸爸！”

爸爸：“晚安，儿子！”

儿子：“晚安，爸爸！”

你是否想过，每天以这样的方式与孩子互道晚安与爱意？这样的方式，在我们家已经进行了 6 年，我把它称为建立亲子间的“爱的蜜语”。

作为教育工作者，我常常听大家探讨教育的起点是什么。在我看来，这个起点很简单，就是爱。

人生其实就是一段追寻属于自己的太阳的旅程，我们需要这个太阳为我们带来安定、幸福和踏实的感觉。这种感觉从何而来？不外乎两个方面，一是归属感，二是价值感。

什么是归属感？简单地说就是“我属于哪里”。对孩子来说，真正的归属感是情感上能够信任父母、感恩父母。当孩子还小的时候，他总是会在爬来爬去之后掉头回去找你，在你的怀里依偎一会儿再去爬，其实就是在确定他的归属感。当孩子有了归属感，确认了自己在家庭中的重要性，便会自觉地维护这个家。否则，他就会用捣乱、破坏性行为来证明自己的重要性。

价值感，就是“对你来说我重要吗”。孩子需要这样的确定，确定的方式就是感受到自己被父母深爱着。当一个孩子感觉到被爱，知道他在家庭中是重要的，他就会拥有良好的自我价值，从而充满了动力。相反则会出现退缩、放弃的想法和行为，一次又一次地逃避与放弃，最终呈现出无望、无助、无价值感的状态。

因此，对于孩子，无论什么样的情况下，父母都需要去传递这两方面，用我们的“爱的蜜语”，用我们的行为，让孩子真实地感受到他的归属和价值。我们还要让孩子感受到，我们对他表达爱与他优秀不优秀没有任何关系。这种爱提供的是，你在他心中的确信感，以及他人生中勇往直前的自信和勇气。这会让他知道，无论何时，他和父母都是充满爱的，永远确信，即使父母不认同他的行为，他也能确认他们爱他，这会促使他更加珍惜自己、爱自己。

当然，很多时候面对孩子的顽皮、任性，我们会很生气，但这并不妨碍我们表达爱。无论你多么生气，也要清楚，你不接受的是他的行为，而不是他这个人。“爱的蜜语”只和人有关系，与其他无关。

亲子间的“爱的蜜语”还是一种条件反射的连接，只要这个语言一出口，你和孩子之间的爱一下子就通了，你对孩子的信任与支持就流通起来了。当这种表达积累到一定量的时候，会产生奇妙的反应。

父母亲自抚养孩子，本身就是在积累教育孩子的资本。父母的声音、相貌、气味等，会深深占据孩子的心智，从而建立起生命中最有分量的情感——依恋。对抚养人的深深依恋和信赖，会让孩子更乐于听从抚养者的要求和教导。但这样的亲子关系并非支配关系，它依然是平等的。当我们使用“爱的蜜语”时，孩子能够深深感受到这种平等，感受到爱在你们之间流通。这也为一生的亲子关系奠定了基础。

记得儿子2岁时，我第一次跟他说：“爸爸有你这样的儿子真幸福。”孩子一脸懵，觉得挺奇怪，只会嘿嘿嘿地笑。

晚上的时候，我又对他说：“我爱你儿子，晚安儿子！”

这样过了没多久，有一天我说完之后，儿子突然说：“我有你这样的爸爸真的不幸福，我不爱你。”他边说边咯咯咯地笑，然后又笑嘻嘻地说：“我是开玩笑的。”估计他是觉得不回应我也不对，但又不知道怎么打破僵局，就这么说了。接下来，奇妙的事发生了。第二天我对他说：“我有你这样的儿子真幸福，我爱你儿子，晚安儿子！”之后，他也很认真地回了一句：“我有你这样的爸爸真幸福，我爱你爸爸，晚安爸爸！”

又过了一段时间，晚上快睡觉的时候，他跟我说：“爸爸，你先别说，我先说。”互道晚安后他就满意地睡去了。再后来，有时候快睡觉了，他见我还没道晚安，就过来提醒：“爸爸是不是该道晚安了？”

千万不要认为这种“爱的蜜语”只是一种所谓的仪式感，当我们单纯而认真地表达对孩子的爱的时候，我们的心是紧紧连在一起的。当我们之间出现情绪问题的时候，它也是很好的黏合剂。

转眼儿子8岁了，我忽然意识到，不知从哪天开始，我正在慢慢失去对他的好脾气，很难做到他小时候对他的那种态度，经常对他缺乏耐心。

几天前，因为辅导数学题，2小时里，我没有几分钟是平静的。我急于让他明白题目的解法，语气非常不好，自己也很烦躁。儿子几次含着泪水，甚至带着哭腔。辅导结束后，我回到自己书桌旁久久不能平静，儿子走过来像往常一样但又略带哽咽地叫我：“爸爸，赶紧睡觉，都10点多了。”愧意让我有点儿不敢看他，我回答说：“好的儿子，爸爸再看会儿书就睡。”

儿子说："那别太晚了哦爸爸，我今晚就不和你睡了哦，和你睡太热，容易流鼻血！"那一刻我知道，儿子的心情是委屈的，但又不想让我难过。

过了十几分钟，我想趁儿子还醒着时做点弥补，于是到他卧室躺在下铺，正准备跟他说晚安时，儿子说："我有你这样的爸爸真幸福！"他的声音有点发颤，我的眼睛瞬间湿润了，儿子提高音量重复道："我有你这样的爸爸真幸福！"我回答："我有你这样的儿子真幸福！""我爱你爸爸！""我爱你儿子！"随后，儿子一骨碌地从上铺爬下来说："我还是睡下铺吧！"

我实在忍不住，叹了口气。儿子问："爸爸，你怎么了？"我认真地告诉儿子："今天是爸爸的错，爸爸急躁，没有控制好情绪，对不起！"儿子说："没关系的爸爸！"

我很庆幸我没有把这样的情绪带到第二天，尽管时间可以淡化我们之间的不愉快，但我想那样的伤害也会长久留在孩子心底吧。很多时候总是孩子在原谅我们，而不是我们更理解孩子！感谢儿子的主动开口，让我们父子在最短的时间治愈彼此。

我真切体会到了，"爱的蜜语"是个神奇的开关，它就在那里，我们只需要把它打开，一切不愉快、不理解就能统统消融，只有爱长久地留在那里。从那一天起，我下定决心，像这样的"爱的蜜语"，我要说一辈子。当我老到说不出话来的时候，我也会用眼神来告诉他：我有你这样的儿子真幸福，我爱你，儿子！我也相信儿子一定知道爸爸想对他说的是什么，相信他有足够的信心和勇气去面对生活。

人世间唯有父母的爱是无怨无悔、心甘情愿的，唯有它不是为了更好地拥有而付出，恰恰是为了更好地离开而付出。在我们离开的那一刻，如果看到我们的孩子能够很好地接纳自己，非常享受当下的工作和生活，并对未来充满信心，那么我们就可以含笑离去。我们的孩子一定还会说："我有你们这样的爸爸妈妈真幸福！"这就是我们的使命，这就是我们的归宿，更是我们心灵最好的安放之所。

很多人可能会觉得，这个"爱的蜜语"真的有那么重要吗？是的，我观察过很多家庭，在缺乏爱的语言的家庭中，孩子是很难感受到父母的关切的。当出现情绪的时候，没有这样一条表达感受的通道，孩子慢慢就会变得不愿与父母沟通了，这也是许多青少年问题发生的深层原因。

孩子在不同年龄段会遇到不同的问题。当学习不好的时候，当孩子犯了错误的时候，他是脆弱的，是需要力量支撑的。很多时候不一定需要父母提供方法，但是父母的爱可以永远支撑着他，让他在绝望时能有力量勇敢地站起来。"爱的蜜语"就是唤醒这份力量的钥匙。

由于文化的原因，至亲之间表达爱和接受爱，常常会感到别扭，也会在意他人的眼光。但这些都不是问题，表达爱是人类与生俱来的权利，他人怎么看跟你没有关系，爱是你与所爱的人之间的事。至于习惯嘛，所有的习惯都是养成的，表达爱也一样。要确保的是，自己是用心表达的，我爱你和你爱我没有关系。抱着不要求对方回馈，不给予过度期望的心态来表达爱，这种化学反应必然会在你们之间发生。

特别是在孩子还小的时候，大人是更能放得开的，这时候开启亲子间的"爱的蜜语"会顺利得多，也会让彼此养成习惯，在这个过程中不断习惯这样的氛围，那么表达"爱的蜜语"就会变成一件再自然不过的事。

如果孩子从小养成了表达爱的习惯，并且具备了爱的能力，他就会自然地发生迁移，将来无论对朋友或是爱人，都能真实地表达自己的内心，这正是一个人格健全的人最重要的能力之一。

孩子，
我永远关心的是你这个人

经常有家长问我，说孩子犯了错要不要批评，担心现在的孩子心理脆弱，不知道怎么处理好。

“批评”这个词在我们的成长过程中如此常见，它本身就显示出一种不对等的关系，批评者站在正确的位置，被批评者毫无疑问是失理的一方。但是很多时候，在批评的过程中，我们不光是对孩子所做的事情表达不满，同时也在否定孩子这个人，让孩子觉得父母关心的是这件事，而不是他这个人。恐怕这才是我们真正应当关注的地方。

我们通常认为的孩子犯错有几种类型，最常见的莫过于孩子无意犯错，比如打坏了东西。

记得我小的时候，父亲脾气比较暴躁。有一次吃饭的时候，我一摸碗发现很烫，一紧张就把碗打翻到地上摔碎了。父亲生气地踢了我，怒斥我做事马大哈，然后让我把打碎的碗捡起来。我什么也不敢说，也不敢看他，只是默默地把碎片捡起来。这虽然是一件很小的事，但对我影响还是挺深的，导致我后来不敢犯错，即使犯了错也不敢承认，因为害怕批评。

还有一次，父母不在家，我和哥哥姐姐四个人一起做饭。我的任务是和面，因为个子小，我不小心把面粉袋扯到了地上，白面粉撒了一地。地

面是土地，有潮气，没办法打扫干净，尽管我们想了各种办法打扫，还是留下了明显的“证据”。父亲回来后冲着我们发火，问是谁干的，我很害怕，不敢承认，最后还是姐姐承担了责任。看着父亲打她，我内疚了很久。

小时候的这些经历，在大人看来似乎都是微不足道的，也不会想到一个孩子在那个时刻经受了什么，内心深处留下了怎样的隐痛。今天，我有了自己的孩子，当他犯错的时候，我内心那些隐痛就不自觉地浮了上来。它让我思考，当孩子犯错的时候，我们应当关注的是什么。

我们应当关注的是孩子有没有受伤，而不是为什么打碎了碗、为什么犯错。每一个犯了错的孩子，其实内心都充满了愧疚和懊悔，他渴望去弥补，这时候给孩子弥补的机会，就是在帮他从这个错误中获得成长。

比如碗太烫，杯子太满了，或者要拿的东西放得太高了，怎么办？在大人看起来很简单的问题，对于孩子却是很大的困难，这时候家长可以给孩子演示正确的解决方法。当我们把焦点放在解决问题上的时候，对于错误本身也就有了包容。而且，孩子总有无限的新想法，对于补救错误和学习新本领，他一定会发挥自己的最大能力和创意，甚至能有新的发现和创造。

把犯错现场变成一堂很棒的教育课，孩子的成长就在这样的细节中发生。当孩子在父母的关心中感受到爱，那种愧疚也会慢慢转变成不再犯错的决心。

很多父母对于孩子的错误行为，尤其是主观性犯错、故意犯错的情形，特别不能容忍，上来就直接批评。很多人在批评孩子的时候，会说“你怎么还敢顶嘴？你怎么能撒谎？你为什么打人”这类话语，当你的指责像箭一样密集地射向孩子的时候，孩子是一定会有情绪反应的，他想要保护自己，给自己罩个硬壳，于是便出现了对抗性的言行。

在家长看来明明不应该做的事，为什么孩子还要做呢？孩子故意犯错，一定有他的原因。如果不关注他目前的感受和状态，一味指责和批评，你就很难了解孩子的真实想法，因为这时候孩子感受不到你的爱，是不会说出他的真实想法的。况且很多时候，孩子并不认为自己是犯错了，他可能真的只是觉得这样做很好玩，或者就是想探究一下新事物。

有一天晚上，我和朋友去吃烤串，走在街上，我发现有一个四五岁的孩子黏着妈妈说要吃冰激淋。妈妈说你这段时间肠胃不好，而且最近经常肚子痛，不能吃。但孩子非要吃，就自己跑到冰激淋店门口哭了起来。这位妈妈很有智慧，她并没有慌张和觉得难为情，而是跟孩子说，吃不了冰激淋，你一定很伤心吧，那你抓紧时间哭吧，哭完了好回家。奇妙的是，这孩子很快就不哭了，然后回头牵着妈妈的手走了。

这位妈妈应对孩子哭闹的巧妙之处是，她关注的是孩子，而不是孩子行为的错误。孩子没有感受到爱被剥夺，因为妈妈不是跟他说“再哭我就走了”“再哭妈妈就不理你了”之类的话，而是理解了他的伤心之处。同时妈妈立场坚定，态度温和，指令明确，让孩子感受到再坚持哭下去也没有用，最好的方式还是回来跟妈妈走。而再次牵手也表明孩子感受到妈妈的爱还在。

有一次课上，一位家长带了个小男孩儿来。课后他问我，孩子特别喜欢摸插座，越不让摸他越想摸，家里的插座他能够得着的都封上了，他还是想拿东西去捅，怎么才能让孩子不摸插座呢？

我找了一段铁丝，用绝缘胶布把一头缠起来，然后握着孩子的手说，我们来用铁丝捅插座玩吧，看看会怎么样？我一只手扶着他的手去捅，另一只手放在他屁股上，当他看到电火花兴奋地叫起来时，我狠狠地掐了一下他的屁股，他痛得跳了起来。

我跟他说，如果你用东西捅插座，会比刚才还要痛。你觉得这样好玩儿吗？他眼泪汪汪地说，不好玩儿。我又问，你以后还想捅插座吗？他说不捅了！

然后我找了支电笔跟他说，虽然我们看不到电，但是它却非常厉害，如果我们用错误的方法使用它，它就会咬人，但是如果用正确的方法使用它，它不但不会咬人，而且还很神奇，能让这个小灯泡亮起来，我们来看看吧！我把电笔插进插座里，小家伙看到灯泡亮起来，惊奇地直拍手。

后来这位家长跟我说，孩子回去后再也不想着捅插座了，还让爸爸带他看了几次电笔亮灯泡。有一次家里来了个小妹妹，也对插座很好奇，一直盯着看，孩子就跟她说，别摸，会咬你！然后他还让爸爸拿来电笔，和妹妹一起看“电笔亮灯泡”的神奇魔术。

孩子的一些错误很多时候是我们定义的错误，而非真正意义上的错误。比如摸插座，是因为孩子想要满足自己的探索欲。这个时候，尊重他的欲望才是最重要的，让他感受到你在关心他。如果只是一味地阻拦和批评，反而会导致他生出逆反心理，越得不到就越想要去做。家里不让捅插座，到了外面有机会他还是会捅，如此便时时处在危险之中。

还有一种特别常见的批评场景是，孩子没有取得好成绩，或者事情做得不尽如人意。家长通常会在开始做某事前给孩子加油鼓劲儿，一旦没做好就立刻加以责备。这样很容易造成孩子对做这件事的逆反心理，要么就是不敢面对，比如考试考砸了会找人冒充父母签名，或者撒谎说卷子丢了，因为他心里害怕。

其实这个时候孩子最需要的反而是鼓励和找到好的方法。我们应该和孩子一起找到问题所在，让他知道没有做好是哪些因素造成的，接下来该如何做。明确了这些，孩子才能有动力，知道学习是他自己的事。

我们必须让孩子明白：当孩子取得成绩，爸爸妈妈是因着孩子的开心而开心，并不是因为脸上有光而开心；爸爸妈妈为他平时的努力而高兴，为他的坚持取得了这样的成绩而高兴，为他做到了想要做到的事情，达到了想要达到的目标而高兴。当孩子失误的时候，爸爸妈妈是因为孩子的难过而难过，并不是因为脸上难堪而难过。

当孩子感受到父母的爱是因着他是他们的孩子而非别的，自己表现出来的任何问题都不影响父母对他的爱，父母关心的永远是他这个人的时候，孩子心中自然会有一种自豪感和力量。这种力量一定会带领他冲破一切艰难，勇往直前。

可不可以打骂孩子

有一次和一位朋友吃饭，无意间看到他的左手手背有一条若隐若现的疤痕。他见我目光停留，笑了笑，跟我说，这是小时候学习不上心，父亲打的。然后顺着话题就说起小时候如何淘气的情景来。从他的回忆中，我多次听到对于父亲威严的畏惧，特别是那次被打。然后说到父亲已经离开多年了，平时不怎么想起，但每次看到这条疤痕，脑海中就总会浮现出当时的情景。

我能感受到他现在对于父亲的爱，他很尊敬父亲，为父亲一生致力乡村教育感到自豪。但若没有这样一条疤痕，我想他每次想起父亲来，可能会是另外一种神情吧。经过 30 年岁月的淘洗，这条小小的疤痕始终卧在那里，尽管现在已经转化成父爱的一个线索。

今天，尽管父母对孩子的打骂不像过去那样普遍了，纵使有，也不像以前那般严厉，但只要是打骂责罚，仍然会给孩子带来负面影响。

为什么我们会使用打骂责罚孩子？或许是我们无意识地继承了这样的教养方式，并且它也是消除眼前问题最直接的方式。然而通过打骂责罚，是解决不了根本问题的，孩子的顺从只是表面的、暂时的，问题依然存在，甚至被压在更深处，日后会衍生出更多的问题。

叛逆

打骂的副作用之一是导致孩子叛逆。孩子是弱小的，面临伤害时，孩子会想办法为自己织一个“壳”，保护自己免受伤害。这时候父母的任何话，孩子都不可能听进去。这是叛逆产生的直接因素。这样的伤害多了，孩子可能就完全不听父母的话了。

每个孩子都有自尊心，都希望能够获得别人的尊重和信任，特别是父母的尊重和信任。这些尊重和信任是孩子进步的动力。父母打骂孩子，不但会使孩子失去动力，还会让孩子产生自卑心理，甚至走上自暴自弃之路。

愤怒

性格倔强的孩子还会心生愤怒：凭什么大人就能打我？你为什么还没搞清楚原因就打我？愤怒填满内心的时候，孩子或许会还手，甚至做出极端的事来，特别是当众被打骂责罚的孩子，非常容易陷入冲动，我们也看过孩子被父母打骂后转身就跳楼的新闻。

退缩

性格比较懦弱的孩子，在被责罚之后则会变得更加软弱退缩，觉得自己真是太笨了，什么都做不好，以后再遇到问题的时候会主动逃避，甚至产生严重的畏惧心理，形成胆小怕事的性格。

懦弱的孩子本来自尊心就比较脆弱，被伤害之后，他会对自己产生怀疑，觉得自己事事不如人，认为别人看不起自己。慢慢地就会变得孤僻，不喜欢和别人交流。我那位朋友小时候就属于比较懦弱的性格，直到后来他离开家去上大学，才慢慢变得坚强起来。纵使如此，他在面对问题、面临选择的时候，偶尔也会产生怀疑和退缩。

说谎

如果父母不问缘由就打骂孩子，孩子自然也会找对策来对付父母的责骂。例如，他可能会为了逃避挨打而学会说谎。其实这也是一种自我保护。孩子的这种自我保护虽然不会给自己带来直接的伤害，但由此造成的品格上的缺陷可能会影响他的一生。很多成年后撒谎成性的人，追溯过往的成长经历，就能发现他们在遭受父母的责骂时或多或少都采取过撒谎的逃避方式。

暴力

对于责打，孩子虽然显意识不接受，但潜意识是在接纳的。父母打骂孩子，会让孩子认为暴力是可以解决问题的，弱者是需要服从强者的。孩子的模仿性很强，例如父母在家打他，他在外面就可能打其他孩子，尤其是那些年龄比他小的孩子。这样的孩子还可能会形成攻击型人格，遇到不顺心的事情就用暴力来解决，长大以后也很难建立良好的人际关系。

总之，打骂带给孩子的是不被爱，认为自己在父母眼中一无是处，这会导致孩子缺失价值感和归属感，内心无助。叛逆、抗争这些表现，是孩子在保护自己，同时他也在用这种方式呐喊：爸爸妈妈关注我，我需要爱。很多时候，特别是对小一点儿的孩子来说，当你想动手打骂的时候，可能恰恰是他最需要拥抱和安慰的时候。

有人曾跟我说，他打孩子的时候越打越生气，越打手越重，几乎不能控制自己，事后觉得非常危险。

确实如此，很多时候我们是难以控制自己的情绪的，动手之时，过去积压的愤怒情绪可能会一下子涌上来，觉得孩子太不争气了，根本顾不上孩子能否承受，而欺负弱小往往会让人有种快感，一时欲罢不能。我们看那些家长把孩子打伤的新闻，会发现其实他们也那么爱孩子，只是因为情绪的按钮在那一刻完全失灵了。

当然，在实际教育的过程中，完全不打不骂确实很难。很多时候家长也很无奈，道理都讲了，孩子就是做不到。这个时候适当惩罚一下也未尝不可，但这里必须明确两点：一是要有一个标准，达到这个标准才需要惩罚；二是惩罚是为了让孩子记住，而不是父母情绪的发泄。

这个标准是什么呢？是孩子对自己不负责、不尊重的时候。比如说好了不能自己到马路上玩，但是记不住，又发生了这样的事。此时家长在表达了自己的担心之后，可以适当惩罚。但这不是因为孩子没有达到父母的预期，而是要通过这个惩罚让他深刻地记住。

此外，当孩子多次违反规则的时候，可以与孩子约定，如果下次再犯，就做什么样的惩罚。惩罚孩子的时候要心平气和，你只是作为履行约定的监督人，而不是一个愤怒的发泄者。

即使是惩罚，也要让孩了知道你是因为太爱他才这样，而不是因为你自己的愤怒。这个可能会比较难，但是如果做好了是很有效的。

那么，我们在养育过程中如何尽可能减少打骂、吼叫呢？一个非常好的方式是，发生冲突的时候首先问问自己，是不是自己出了问题。

你可能会觉得很奇怪，自己能有什么问题呢？明明是孩子学习不动脑子，讲了一遍又一遍就是记不住。

果真是这样吗？一起来看看我最近经历的一个案例吧。

有一次在一个朋友家，她家孩子总是在数到 77 之后，一会儿说是 75 一会儿说是 76。妈妈问了几次之后咆哮道：“你不要着急，不要着急，你好好动脑子想想！”那怒气冲冲的模样就差动手了。孩子特别无助，整个身体都僵住了，更加数不出来。

我先是劝走了妈妈，让她暂时回避，然后对孩子说：“嗯，这个题太难了，叔叔也不会。要不我们降低一下难度，从 71 开始数吧。”然后数到 77 之后，孩子说 76。

我就说：“我们再降低一点儿难度吧，重新开始，从 1 开始。”孩子就数 1，2，3，4，5，6，7，8。我又让他从 21 开始，孩子就数 21，22，23，24，25，26，27，28。然后我说 71……77，孩子直接就说出了 78。

我又跟他说：“我们抢答好吗？我说一个数，你来说出接下来的数。”孩子很高兴地答应了。

我先说了几个数作为铺垫，然后不经意间说出 77，孩子立刻说出了 78。

我夸奖他：“你特别认真，你看这么难的题你这么快就学会了。”孩子一脸的自豪。

看似简单的问题，为什么孩子就是不会呢？因为妈妈的吼叫已经让孩子的思维甚至身体都僵化了，脑子一片空白，怎么能回答正确呢？妈妈在吼着“你不要着急”时，应当冷静下来，不要着急的反而是她自己。这个时候，父母必须反思自己是不是用错了方法，先停下来处理好自己的情绪，在情绪脑接管之前重启大脑，不断告诉自己：孩子的潜力决定了他一定能够掌握，我要做的是相信他、支持他，批评是无效的。只有调整好自己重新开始，才能解开死结。

万一情绪失控，没忍住打骂了孩子，怎么办呢？其实也不必过于自责。每个人都有情绪，真实地面对自己，勇于承担责任，直接向孩子道歉就是了。然后复盘，争取下次做得更好。

这时候道歉要注意一点，一定要单纯表达自己的歉意，不要无意识中又把责任推到孩子身上。比如，很多父母道歉的时候会不自觉地说：“你的行为太让我生气了，所以爸爸（妈妈）没忍住打了你。”你看，到头来还是孩子的错！

不是每一位父母都能在事情发生后即刻原谅孩子，但每一个孩子都会在最短的时间内原谅父母。小小的他甚至从来不认为父母有错，多数时候都会把错误归咎于自己。

很多时候孩子承受了后果也不会责怪我们，他依然爱我们。他给了我们无数次机会，一次次地原谅我们，恰恰是我们自己不善于面对自己，才让事情变得复杂起来。当面对孩子的时候，不妨先把自己心中的杂草除掉，与孩子的相处就会有一个温暖的开始。

让孩子和出错交朋友

有一次，我在讲座上给家长出了一道题。我说，我现在给大家提供几组算式：

3+9=12

5+8=13

8+17=25

14+9=23

23+7=31

16+17=33

……

我还没说完，马上就有人打断我说："陈老师，你说错了一组。"

我说了这么多正确的算式，为什么有人总关注那个错误的呢？

其实，我们大多数人都是比较挑剔的，而我们自己却很少认识到这一点。特别是在对待孩子的时候，对于他们的错误常常是零容忍，总想立即指出来并要求改正。

要求孩子完美是一件很残忍的事，在要求孩子的时候，我们大概都忘记了，我们也曾是那个孩子，也是从一个个小错误中走过来的。当我们用成年人的标准去要求孩子的时候，孩子承受的压力无疑是很大的。

孩子有属于他们的一套心理体系。约翰·霍特在《孩子是如何学习的》一书中，对孩子在学习过程中的心理状态做过细致的描述：

“他们很清楚地知道自己知道的事情很少，或者能理解的、能做的事情很少，对孩子们来说，知道这一点常常让他们感到害怕和丢脸。”

“孩子们的无知和笨拙经常让他们感到痛苦，我们必须谨慎，不要不断地、强制性地让他们意识到自己的弱点。”

所以当我们指出孩子的错误时，他们总是会有强烈的抵触情绪。我儿子上幼儿园的时候，对学写数字特别上心，但是在写的过程中，数字“4”的那一竖总是下面太长、上面太短，整个数字写得很像一面三角形的旗子。一开始，我每次看到这个错误都纠正，可是我一纠正，他就不写了，也不说话，就那么愣着。后来，我看到别的孩子也会写出类似的“4”，就释然了，不再纠正他的错误，儿子对写字的热情也更加高涨。后来有一天我看他写字，“4”已经写得很好了。

那么，是不是说，对于孩子的错误就视而不见呢？也不是。我们要学会智慧地去引导他，让他敢于面对错误，甚至主动探索错误。要告诉孩子，出错是正常的，每个人刚开始都会出错，只有敢于出错才能获得进步。

我儿子很喜欢运动，各种运动都想要尝试一下。小的时候学习拍球，总是出现失误，每次拍几下就掉了，他很着急。我跟他说：“你真能坚持，你能一直坚持练习，所以比昨天多拍了两个。要是我，我都放弃了，你还能这么专注，努力克服困难，你是怎么做到的？”然后他就跟我说他是怎么做到的。原来他还真的自己琢磨了一番。

我带着他拍球，每次我都会连拍几个然后假装失手把球丢了。我就说：“我下次一定要多拍几个！”然后就假装很努力地控制球，果然第二次多拍了几个。儿子看到我拍球也不过这样，就特别自信地说：“我来拍，我

来拍，我肯定比爸爸拍得好！”

后来，他的拍球水平提高得非常快。我又鼓励他说：“由于你的努力和坚持，好几次流着泪也坚持下来了，现在都会花样拍球了，你进步可真快！”儿子说：“爸爸，我还想要拍得更好。拍球没有失败，只是暂时没有成功！”你看，他都学会我说的话了。

我一直认为，试错是做事的必经之路，不出错是做不好事情的。我一直在陪孩子尝试多种运动，并把它们做到一定的水平。这个过程就是不断犯错、提高、再犯错、再提高的过程，孩子能非常明显地看到这个过程，对于犯错这件事在通往成功的过程中的作用就有了更清晰的认识。

他可以通过运动一次次验证任何事情都有一个开始，都有一个不断出错的过程；不断验证任何事情都会有一个从总是出错到少出错再到能做好的过程；不断验证任何人刚开始都会有一个显得很“笨”的样子，因此不要怕被嘲笑，不用气馁，因为那不是你的错，只要用心做、坚持做就能做好；不断验证任何一件事情都没有失败一说，只是暂时还没有成功，只要找到方法就能成功。

如果仔细观察，你会发现，成长中的孩子总是会用自己的方式不断探索，有时候可能比较笨拙，有时候也会让你眼前一亮。“我们应当给他时间让他自己纠正错误，让他在练习的过程中培养出能力和自信。孩子们利用自己对一致性的感觉，利用他们要求事物匹配、有意义的感觉，来发现并纠正自己的错误。他们这样做的越多，就越会感觉到这种利用头脑的方式是行得通的，也就会更加善于这么做。”（约翰·霍特《孩子是如何学习的》）

孩子的成长过程中没有错误，只有不成熟。不允许孩子犯错误，犹如不允许学走路的孩子摔跤一样。如果他们一犯错误，我们就立刻指出，甚至纠正，那么他们的自我检查和自我纠正能力就得不到发展，还会逐渐消失。

正如蒙台梭利所说：每个儿童首先都必然处于一种精神的无序期，心理活动由混乱走向有序。孩子是作为一张白纸来到世界上的，世界突然把他包围，他需要有一个适应过程，即成长过程。剥夺孩子犯错的权利，就等于剥夺了孩子探索未知的勇气、信心和快乐。

家长对于孩子错误的挑剔甚至零容忍，不光会让孩子丧失自我检查和自我纠正的能力，还会让孩子对错误心怀恐惧，甚至面对挑战时不敢去做，因为怕犯错。我接触过一些人，因为小时候犯错时总被家长盯着不放，被批评，被纠正，以至于长大后在工作中不敢出错，甚至掩盖错误，导致更大的损失。

这类孩子对于不会做的也不太敢问，哪怕成年后也是这样。我上博士课程的时候特别爱问问题，我发现同学里面有人好像不太爱提问。我那会儿心里还想，是不是我理解比别人慢啊。没想到我每次问完问题，下课之后就有同学私下问我："你怎么问这么多问题？"我说："我不懂啊，不懂就要问。"他们说其实他们也不懂，只是羞于开口，不敢问，怕出错。

博士生尚且如此，可想而知，那些每天还处在被指责、被纠正之中的孩子是怎样的状况！

对于孩子犯错的不容忍，不只是伤害了孩子，还是一种双输。那些总是指责、抱怨、不停催促的家长，他们的努力，换来的并不是孩子的赶超和逆袭，而是孩子的自信一点点被打击，以致连自己原来的程度都达不到。因为当家长觉得孩子不如别人，总是需要纠正、提醒时，就会通过行为、语言、态度，把这种想法传递给孩子，让孩子也这样消极地看待和评价自己，从而陷入一种"预期自我实现"。在这样的无声对抗中，亲子关系也一点点消磨，最终孩子走上与父母期待相反的道路。

从事教育行业的这些年里，我见过非常多特别优秀的孩子，他们活泼好动，充满探索欲，富有创造力，但他们中的一些孩子在家长的眼里似乎并无闪光点。有的孩子在外面非常活泼，但一回到家里就显得特别“乖”或者“封闭”，因为他们害怕不知道什么地方又犯了错，或者不合父母的心意。

真的不是孩子本身不优秀，而是我们的预期和对待孩子的方式，让他变得不优秀了。因此，作为家长，当孩子出错时，首先要相信他是自信的、独立的、努力的、坚持的……当孩子不如别人时，多一点儿耐心，等一等他，给他信心和支持，这样孩子就会朝着更好的方向越变越好，焕发出强劲、积极的成长动力。

等待，或许是我们送给孩子的最好礼物。给孩子时间和机会，让他在成长的每个阶段善于与出错做朋友，正确地看待生活中不断出现的小错误。当他能尽情地探索、练习、跨越，享受成长的每一分、每一秒时，优秀自然就发生了。

相信孩子
能做到、能改变

当你的小婴儿向你露出灿烂笑容的时候，你是不是时常觉得自己如此幸运拥有这样一个小生命？

这个小小的人儿似乎每天都在学习新本领，你是不是每天都对他充满期待，相信奇迹的发生？

当他开始蹒跚学步的时候，你是不是对他有着无限耐心，相信他能够做到？

……

然而，随着孩子慢慢长大，你是不是发现，这种相信和期待在慢慢消失？你渐渐地对孩子失去耐心，随之而来的是不断的冲突，对孩子的指责和不满几乎每天都在发生？

我们常常觉得，孩子这么大了，为什么这么简单的题目还不会做？为什么孩子总与自己的期待差距甚远？为什么制定好的计划就是不执行？为什么变得这么淘气和不可理喻？

是啊，在我们的眼里，孩子总是有一堆缺点。但是我们也许忘了一点，他们其实一直在成长。所以当我们渐渐失去耐心的时候，我们需要反思，这种变化是不是因为他们在成长过程中的需求已经超过了我们的能力层面?

让我们回顾一下，我们在孩子婴儿阶段的养育是什么样的，就会发现那个时候我们做父母其实是做得最好的。我们非常关注孩子的情绪反应和生理反应，不管孩子是拉了、尿了，还是饿了、缺少陪伴，或是恐惧，等等。只要他用哭声召唤，或者用只有父母才能理解的神情传达，你都会很容易关注到，并想尽一切办法去满足他。

从婴儿成长为能够独立吃饭、独立奔跑，有了自己想法的孩子，他的需求在不断改变，但家长理解的层次和认知没有变化，这样就会对孩子产生误解。比如，父母会觉得孩子怎么这么胆小，不就是去另一个房间吗，亮着灯，怎么还不敢去?或者怎么这么不听话，说好了不要把玩具弄得到处都是，结果还是满地都是，什么时候才能听懂家长的话……

孩子从不会到会，从不自信到自信，从笨拙到游刃有余，从依赖到独立，是连续发展的，在这个过程中，家长要做的就是调适好理解的能力、支持的能力，相信他能够做到，能够做好。任何催促、贬损、不耐烦都会打击孩子的信心，让他变得更胆小，更不愿去尝试。

当我们仔细感受自己的急躁时，可能会发现，其实是你自己在着急，与孩子并没有关系，因为不知道怎么办，就把情绪发泄到孩子身上，认为是孩子笨拙。这实际上是在用自己的现在评判孩子的现在，忘记了孩子的成长是一个过程。

在生命的最初几年，孩子的大脑处于快速成长变化的时期。刚出生时，婴儿大脑皮层每个神经元大约有 2500 个突触，到 3 岁时已经增长到大约 15000 个突触，随着家长提供的环境不断变化，孩子有了很好的发展机会。在这个阶段，我们常常会感慨，孩子的成长突飞猛进，认识这么多，学会这么多，理解这么多，多么神奇啊！恰恰是因为在早期我们相信孩子能够做到，并且乐于去创造帮孩子做到的环境，然后静静地等待他达到。

当他慢慢长大，他对这种良好环境的需求并不曾减少，却被家长忽视了。他闹腾，表现出一些我们不理解的行为，恰恰是在发展他的大脑；他笨拙地尝试，一次又一次地重复同一个动作，也恰恰说明他的大脑还不完善。对我们每个人来说，学习新东西，尤其是第一次接触的东西，都是非常困难的，更别说是孩子了。而只有尝试新事物并坚持到底时，大脑才会不断成长。

每当我看到孩子接触一个新事物，表现得笨拙，或者倔强不听话时，我就在想，我在他的婴儿期，对待他的态度是多么谦卑，我愿意等待他，愿意看着他一次次完成那个小小的动作，现在我为什么觉得他不行，总是想要催促他、纠正他呢？后来我总结，是因为我害怕失控。在他小时候，一切尽在我掌握之中，而当他不再完全依赖我时，我就想要用强制的行为来控制他，而不再是给予更多的等待和信任。

我常常反思，父母的使命，是为了孩子更好地离开而付出。我们要做的不是替代，不是控制，不是指责、批评、说教，因为这些无助于培养孩子真正独立存在所需的能力和品格。当孩子遇到困难时，应当静下心来，想一想如何做才能给予他正确的支持。

这种帮助和支持，很多时候首先是要能够关注到他的需求，然后他才能迸发智慧。

我儿子3岁的时候很怕黑，进房间前必须先开灯，上卫生间也不让关门，说害怕，我就没有硬逼着他去。如果硬逼着他去，他哭一场可能也适应了，但是那样一定会给他带来伤害。当时我采用了循序渐进的方式，先陪着他在卫生间，然后在门口陪他，接着关上门但能在门外跟他有声音互动，再然后是在门外等待，当他叫的时候能及时回应。这么一段时间后，他就敢一个人去卫生间，也不需要再叫我们了。

从不害怕到害怕，孩子需要一个适应的过程。父母要做的就是提供支持，相信他能做到。

为了让儿子不再害怕自己一个人进房间，我还跟他一起发明了一个小游戏：玩小球捉迷藏。我拿一个小球，先让他原地背过身，我把球藏起来让他找，他一下就找到了，很开心；然后我把球藏在亮着灯的屋子里，陪着他一起去找；接着让他去找，他自己一个人找到小球，特别开心；最后是关掉灯，鼓励他再去找，他一心想着要找到小球，竟然鼓起勇气走进了黑屋子。通过这个游戏，他一步步克服了怕黑的恐惧心理。

世界最终需要每个人自己去面对，因此孩子需要不断成长。我们不可能营造一个真空环境，所有的未知和变化，都不在我们掌控之中。希望孩子将来能独自面对，我们在他的成长过程中就要关注他需要什么样的素质和能力。从不具备到具备，这个过程中一开始做不到是正常的，想要做到则首先需要我们相信他，然后给他提供帮助。

相信孩子能做到，有时候可能并不那么容易，一些客观的情况常常会让我们产生怀疑。但这也正是父母需要突破固有思维的时刻，我们要坚信，孩子的优势和劣势都是暂时的，优势是由从前的努力奠定的，如果没有持续的努力来维持，也会变成短板；相反，如果能在劣势方面持续下功夫，劣势也能转变成优势。相信本身就是一种选择，选择相信，自然就跨入了新的路径。

就拿我儿子来说，他 3 岁的时候体重 24 千克，是个十足的小胖墩儿。很多人认为他没有运动的优势，但我坚信这只是阶段性状态，他是有运动潜力的，至少他也需要通过运动来保持健康。坚定了这样的信心，加上适当的引导，到现在他已经具备了12项运动方面的爱好，不仅擅长跳绳、打篮球、打乒乓球，滑雪、骑马等运动也能熟练进行。

在这个过程中，我体悟到拥有足够耐心的重要性，我们需要等待，孩子也值得我们等待。在他不敢开始的时候等待，在他做不到的时候等待，在他做不好的时候等待。有时候面对困难，孩子也会哭，也会想要退缩，但有了父母相信的力量，相信他能做到，即便是流着泪，他也渴望并勇敢地去尝试下一次。

在养育孩子的过程中，我始终坚信，从习惯不好到拥有好习惯，从笨拙到协调，从没思路到有创造性，一切都是递进的过程，只要充分相信孩子，加上方法得当，孩子都能做到。

我也强烈地感受到，每个孩子都是精灵，充满智慧，充满爱的力量，绝大多数情况下，不是孩子不行，而是我们做父母的认为他不行。因为我们的心灵空间是那么狭窄，总是在束缚孩子展现他那广阔的生命。孩子需要的成长空间远比我们能够给予的大，我们唯有放下权威，全然地相信孩子，与孩子共同成长，才对得起他对我们的选择。当我们把不断提高和扩展自己心灵的空间、思维的空间作为为人父母最重要的使命时，就能很自然地相信孩子的潜力是无限的，就能真正成为孩子成长道路上的助力者！

陪着≠陪伴，如何做到高质量陪伴

朋友们都觉得我是个满分爸爸，尤其是在陪伴孩子方面，经常有人向我请教。由于从事教育工作，我对于陪伴的认识确实萌芽比较早一些，但回顾陪伴之路，也有很多感到羞愧的地方。

印象比较深刻的一次，是儿子刚刚会坐的时候。有一天我给他读绘本，因为白天工作太累，没读几页就睡着了，迷迷糊糊中，感觉有人推我，睁开眼睛一看，儿子正在用小手拱我，还把掉了的书往我手里塞，嘴里发出嗯嗯的声音，就好像在说，读书，读书。

还有一次，是他一年级的时候，我给他读书，因为想着别的事，想要赶紧读完，结果越读越快。儿子发现我读得急，不时用眼睛瞟我，瞟了几次后跟我说，爸爸你可别糊弄我。

你看，你有没有用心陪他，孩子很容易就能识破。

我们知道，陪伴孩子是必要的，也是必需的。很多时候，我们也花了大量时间在孩子身上，但似乎没什么效果，孩子没有什么明显的进步，亲子关系也没有更好。为什么会出现这种情况呢？

我想很可能是我们给予的陪伴是无效陪伴，我们只是待在孩子身边，并没有与孩子进行过多的言语交流和肢体接触，或者即便是交流也是不走心的、敷衍的，就像我给孩子读书时的那种状态，读着读着睡着了，或是想着别的事，想要赶紧结束。孩子的内心特别敏感，当他感觉到你是在敷衍的时候，自然不会跟你有深入的交流。

其实陪伴和爱一样，是需要对方感受到的，而不是自己觉得给予了就行。没有被接受的爱和陪伴不是真正的爱和陪伴。当我们只是在一旁陪着孩子却各做各事的时候，孩子会感觉到父母的无所谓。因为我们的行为在告诉孩子，我不想关注你，这个时候孩子的内心会受到伤害，从而利用其他的途径希望能得到父母的关注。

其实，除了敷衍式的陪伴，还有很多无效陪伴类型。我通过长期观察，总结出 9 种典型的无效陪伴类型，如下表所示。

类型	描述	危害
魂不守舍	看起来在陪，其实一直在想着别的事	易激发孩子的负面情绪，难以建立高质量亲子关系
无奈被迫	无主动意愿，越陪越没劲儿	孩子缺乏价值感和创造性，容易产生亲子冲突
灌输教育	不停地说教	孩子慢慢会变得充耳不闻，后期会出现逆反现象
漫无目的	陪着不知干啥，百无聊赖	不利于孩子创造力的发展
监视关系	盯着孩子，总怕孩子犯错	孩子对父母缺乏信任感，易发生亲子冲突，孩子易说谎、逃避
直升机型	不停地指导、纠正	发展空间小，孩子的自我决策能力得不到发展，独立性差
检查督导	充满挑剔	孩子逆反，易逃避问题，不敢试错
装模作样	看起来在陪伴，实则是敷衍	缺乏情感连接，孩子慢慢失去对父母的信任
易发怒火	一见孩子出问题就恼怒	孩子会变得唯唯诺诺、缩手缩脚，到了青春期则会顶撞父母，情绪控制能力差，解决问题时易冲动

这些无效陪伴类型，甚至比不陪伴更有害。而且有时候常常会几种类型一起出现，对孩子的伤害更大。

很多人会把陪伴与建立亲子关系等同起来，好像陪伴就是为了彼此更理解和相爱。这固然很重要，但陪伴更重要的功能是，帮助孩子构建人生的动力系统。即通过有效的陪伴，帮助孩子建立自己的安全感，让他内心强大，不怕人生的狂风暴雨，并且善于接纳自己、接纳变化，具备面对挑战的信心，从而获得人生的幸福。

从这个层面来说，我们给予孩子陪伴，无论需要付出多大的代价，都是值得的。那么，如何才能做到有效且高质量的陪伴呢？

在陪伴之前，先检视自己

陪伴孩子之前，把不愉快的情绪都放下，全身心地参与孩子的活动。如果陪伴与自己的事可能产生冲突，要事先安排好。也可以告诉孩子什么时间你要处理自己的事情，让孩子感到你真的是愿意陪他，而不是在敷衍。

倾听孩子的想法，允许他表达自己的看法

孩子的想法虽然很天真，但有时却是很有道理的。他们总是有许多想法，并乐意与人分享，父母是最好的分享对象，这会让他们在分享时完全投入其中，并且感到安全。当父母认真倾听孩子的想法，并且也表达他们自己的想法的时候，孩子就会感到被尊重。长期下来，对孩子自尊心的建立非常有帮助。

安排时间专注有效地陪伴孩子

我们可以根据自身情况和孩子一起确定一个每日陪伴时间，可以是晚

上，也可以是周末的某个时段；可以是单纯的聊天，也可以是共同完成一件事，比如一起读书交流，或是一起做手工、做游戏，等等。

与父母的高质量交流互动，可以帮助孩子成为一个思维敏捷、善于沟通的人，父母也可以在陪伴中增进跟孩子的感情。

适时给孩子一些空间

高质量的陪伴并不意味着我们一定要跟孩子整天待在一起，这样会让孩子产生一种束缚感。在孩子需要自我空间的时候适当退出，给他一点儿自我探索的空间，然后在他需要我们做出回应的时候，及时回应，这也是一种陪伴。孩子会从我们的反馈中知道自己是被关注的，是重要的。

必要的信任、支持和帮助

当孩子感受到无条件的爱和信任，就能无拘无束地成长，他会毫无后顾之忧地以家为根，不断向上、向外拓展，展现旺盛的生命力。孩子人生根系的发达程度正是依托于父母给他的可靠和踏实感。

在成长的过程中，充满着太多的不确定性和复杂性，孩子需要时间去探索、去认识，在这个过程中不断试错、纠错是积累经验和能力的必经之路。如果缺乏必要的支持和帮助，孩子可能会感到迷茫、不安或者是挫败。而父母的适度支持和帮助会让孩子正确地认识错误和成功之间的关系，正确感知和理解自己与世界的关系，从而从内心深处感受什么是最适合自己的，为自己的生命寻找意义，走出属于自己的人生轨迹。

采用正向的教养方式，杜绝暴力沟通

无论是体罚还是精神折磨，都会对孩子的人格尊严构成伤害，而高质

量的陪伴一定是建立在富有感情的教育、满足孩子对价值感和归属感的基础之上的。孩子是一个独立的个体，父母理应尊重他这个完整的个体，去认真倾听他的想法，感知他的感受，也需要通过制定一些原则和界限让孩子有章可循，给予孩子一种确定的安全感。即使需要纠正孩子的错误，也要以不剥夺爱作为前提，让孩子知道，父母不接纳的是孩子的这个错误行为，而不是孩子本身。

很多父母会说，我也知道陪伴很重要，但问题是，确实没有太多时间给孩子，怎么办呢?

其实，只要每天有 15 分钟的时间，就足够给孩子高质量的陪伴了。你可以提前和孩子约定，安排一个特别时光与孩子共度。比如你晚上回家比较晚，那就可以跟孩子约定晚上你几点到家，孩子先做完作业，洗漱完，到时候就可以一起读书或者是聊一个什么话题。孩子一定会提前准备好书，或者是预备好话题等着与你探讨。他们每天都有探索不完的问题，这一点完全不必担心。

做这个事情时，一定要商量着来，最好以孩子的提议为主。可以是教育目的，也可以是纯娱乐的。有明确的陪伴主题，哪怕只是 15 分钟，也比漫无目的的 2 小时陪伴有效。

在陪伴的过程中，你会发现孩子有好的品格行为，这时候要及时给予正向肯定。比如专注、认真、耐心、责任心，用特定的词汇告诉他。例如可以说："宝贝儿，你居然发现了这本书每一幅画中都有一只小老鼠，爸爸都没注意呢，你看得太认真了！"表扬他专注、努力、耐心的过程，赞美过程中的具体行为和表现出的品格。这不仅仅是一份赞扬，也会让他感到你对他是那么关注。同样地，孩子出现了畏难情绪，也要及时给予帮助和支持，而不是责备。

孩子有情绪是很正常的，因为他还没学会管理情绪。有时候我们好不容易抽出时间陪伴，本想着可以有一段欢快幸福的时光，但总是没过几分钟气氛就不对了，常常是因为孩子出现了情绪问题。因此，陪伴过程中，一定要特别注意接纳孩子出现的所有情绪，这是陪伴能否顺畅进行、能否有效的一个重要前提。当然，也要反思陪伴过程中自己的情绪，勇于承认自己的错误。

很多人跟我说，我知道陪伴很重要，也有时间陪伴，可就是不知道该怎么陪伴。那不妨做一份陪伴规划，内容可以动静结合，思维类活动与艺术类活动结合，学与玩结合，等等。慢慢地，你会发现，你们能一起做的事特别多。

其实重要的并不是你们一起做了什么具体的事，而是感受到彼此的爱。因此，无论孩子做什么，都不要忘记用各种方式表达你对他的爱，即使找不到表达的契机，也可以忘情地拥抱孩子，不用表达什么，孩子也能感受到你的爱。

陪伴的过程中，有时候感觉自己做得不好时，也不要过于内疚，常常反思改正，下一次做得更好就是了。不要忘了，陪伴其实是我们与孩子一起成长，我们的成长就是对孩子最好的滋养，还有什么比这更值得追求和用心感受呢？

第2章 亲子关系是一切教育的前提

期许太高，支持不到位，批评指责多，一切教育便都建立在沙丘之上。只有当孩子被关注、被理解、被鼓励、被赏识，他才能内心有力量，教育的效果才会真实发生。

爱是陪伴，而不是控制

有一次，我在讲课的时候，讲到爱应当放手，课后一位女士泪流满面地跟我讲了她的家庭故事。

“我本来是代替儿子来的，想听听怎么教育孙子，现在却是真正给我自己上了一课。我有一个女儿，40 多岁就已经是哈佛大学的终身教授。女儿刚去美国的时候，第一个假期，我很想去美国看看女儿，就给女儿打电话，没想到女儿在电话那头的话让我感到特别失落。女儿条件反射般地说，‘别别别，你别来，让我爸来就行’。”

“我曾一度认为孩子很优秀，我作为妈妈也是很优秀的，但那一刻，我感觉自己很失败，为什么女儿那样冷冰冰地拒绝自己呢？今天听了你的讲座，我才彻底醒悟过来，原来我对孩子的爱其实一直是在控制她。回想她小的时候，我总是对她充满了挑剔和指责，虽然想的是让孩子变得更好，但是现在回头看，我的很多做法，其实忽略了与孩子情感的连接。”

每个父母都爱自己的孩子，但是这种爱很多时候会让孩子难以承受，逐渐发展成为一种控制。这种家庭的孩子，当他有能力脱离父母控制的时候，父母似乎从此就被他们抛在了生命以外。

为什么本来对孩子的爱却变成了对孩子的控制呢？我想可能还是焦虑

所致。焦虑往往源于自己对现状的不满，自己对孩子有一定的高预期，却又对未来缺乏掌控感和信心。这种情况下，唯一能够让自己感到安全的养育方式，就是让孩子按照父母的经验去做。

还有一个原因是，说教、挑剔，把孩子拉到自己设想的轨道上，这是最不需要花费心力的，更接近本能的。但我们忘了，成为一个合格的父母恰恰是需要花费心力去学习的，不管是接纳，还是给孩子试错空间，等等，都是需要运用智慧的。

在做家庭教育的这些年里，我见过很多类似上面案例中的家庭，他们渴望给予孩子最好的爱，却在不知不觉中把爱变成了控制。因为他们从未觉得孩子本不属于父母。当他们没有认识到孩子是一个独立个体的时候，他们所付出的爱都是不适宜的，所做的一切也必然会事与愿违。无论孩子在社会上多么出色，他们的心底都存有阴影和缺憾。

关于这些控制型的爱，我把它们总结为以下 6 种。

说教

父母总是高高在上，好像自己无所不知。孩子感受不到被尊重，只感受到被指责，觉得自己无能，但又不知道怎么办，那只好选择不听。所以，无论父母说多少遍，他们都不会有任何改变。

挑剔

父母总是怀着挑剔的眼光看待孩子的一些问题，孩子总是处在一种精神紧张的状态，害怕自己出错，时间长了就会有一种深深的无力感。

我认识一个家庭，父母和孩子关系很不好，孩子一回家就整日锁在自己屋里。我问孩子为什么，他说太烦，无论他做什么，都达不到父母的标准。父母也在努力改变，但是很难。有一次，父母做了一桌子菜叫孩子吃饭，准备夸夸孩子。孩子战战兢兢，闷头吃饭，父母就开始夸孩子，孩子听了一会儿抬起头说，你们想要说什么？父母说，我们就想和你交流交流感情。孩子说，你们直接说吧，想要我怎么样？这时候妈妈就说，过几天要考试了，是不是可以把你的时间管理得更好一些？然后就提到某某同学每天学到晚上十点。孩子一听，便默默放下碗，又回自己房间了。

父母本来下定了决心，就是好好吃顿饭，交流一下感情，很好的开始，结果又在妈妈的挑剔中失败了。

面对家长的挑剔，孩子得不到欣赏和赞美，时间长了就会感觉很挫败，有的孩子则会出现逆反。

比较

比较是很多父母觉得可能有效的方式，其实这只会让孩子反感。我见过一对母子，妈妈总说某同学怎么怎么好。有一天妈妈又说这样的话，儿子直接生气地说，那你让他给你当儿子算了，随后便摔门而去。

有些父母总拿别人家孩子做比较，期待用比较来引领孩子，这类父母的内心其实有很多个“孩子”。这些“孩子”是完美的，是他接纳的，唯独眼前的这个孩子是他最不愿接纳的。他希望孩子是完美的，却忽视了孩子的成长起初是一切皆有可能的状态，而非完美的。在这种情况下，我们要做的是怎么为他提供更多的支持、更多的爱和帮助，以及有效的指导。

用那些设想的“完美孩子”来引领现实的孩子，本质上也是一种投机取巧的方式。父母不想费力，又想把内心完美的孩子复制在眼前的孩子身上，一旦复制没有成功，就会产生不满、沮丧。

催逼

赶紧起床、赶紧穿衣服、快点吃饭、快点睡觉、抓紧写作业……相信每一个养育孩子的家庭多少都曾出现过这样的场景。孩子总被推着走，被驱使着。这种催逼时间一长，孩子反而会变得磨蹭，装作听不到，等他们长大点儿，就想逃离这个环境。

催逼的本质是父母想要一切尽在掌握中，不愿孩子脱离父母，让孩子按照自己的节奏来，是一种缺乏教育智慧和情绪管理能力差的表现。

惩罚

惩罚不仅包括身体、语言暴力，也包括情感和物质剥夺。很多妈妈会在孩子闹脾气、不听话的时候说，你再这样，妈妈就不要你了。虽是戏言，但孩子听了是害怕的，他会因为害怕而表现得听话，这就是被父母操控的表现。这样的孩子内心缺乏安全感，长大后容易迎合他人，失去自我。

贿赂

贿赂现象普遍存在，但很多时候我们并没有觉察。比如父母经常跟孩子说，你考多少分，就给你买个什么东西，期待用这样的方式驱动孩子按照自己的想法去走。这种方式会导致孩子每次做事都要讲条件，尤其是学习方面。本来是孩子的事，父母因为使用贿赂而把它变成了自己的需求，导致孩子对这件事的主动性和敏感度降低。孩子会认为，既然是父母的需求，那就要首先满足我的要求我才去做，因为我是在为你做事。

有一次我参加一个活动，有个男孩儿的爸爸走不开，孩子说饿了，我就带孩子去吃饭。在路上孩子跟我说，你给我买个冰激淋吧，要不我就不吃饭。我特别纳闷，这是什么逻辑呀？孩子跟我说，爸爸每次都听我的，我才吃饭。我说，我们先吃饭再说吧，肚子吃坏了可就吃不了饭了，他就勉强跟我走。到了餐厅，他又说我不吃蔬菜，只吃肉，还要吃鱼。我说叔叔想吃蔬菜，我们点一个蔬菜、一个肉菜好不好？他说不点鱼就不吃了，说着就要走。我说那你自己决定吧，他说那我真走了啊。

他走到门口，回头又跟我说一遍“我走了啊”。见我没有叫住他，他真就自己走了。我发现他走几步就回头，想看看他会玩什么花样。我躲在门口看他，见他走了一会儿，突然跑起来躲在一个物体后面。我担心安全，正打算追出去，他又探出头来，自己回来了。回来以后，他就嘿嘿嘿地笑。我说你不是走了吗？他说不是你不让我吃吗？我说我有不让你吃了吗？不是你自己不想吃才走的吗？他说现在又想吃了，但还是坚持要吃鱼。我说我改变主意了，我会点两盘蔬菜，而且没有冰激淋吃，如果你同意就吃，不同意就不请你吃饭了。他见我很坚决，就同意了，最后吃得干干净净。

这个孩子才6岁，已经非常会谈条件了。后来我了解到，平时在家里，父母都是用贿赂的方式让孩子做事情，养成了孩子凡事都讲条件的习惯，让孩子觉得做任何事都是为了父母。

需要注意的是，贿赂和奖励是不一样的，奖励是在事后，奖励的是他在这件事上的用心，而贿赂则是为了让他做这件事，事先给予好处和承诺。奖励会让孩子渴望下次把事情做得更好，而贿赂只会让孩子把眼光盯在好处上，当没有贿赂的时候，他就会对事情失去兴趣。

对孩子的控制，本不是父母想做的，我们也都希望孩子自由，想给孩子空间，但很多时候表现出来的却是实实在在的控制，归根结底就是我们害怕孩子脱离掌控。然而孩子的成长是指向离别的，正如著名心理学家西尔维亚所说，这个世界上所有的爱都以聚合为最终目的，只有一种爱是以分离为目的的，那就是父母对孩子的爱。父母真正成功的爱，就是让孩子尽早作为一个独立的个体从你的生命中分离出去，以他独立的人格，面对他的世界。父母撤退越早，放手越早，孩子就越容易适应他们的未来。

因而，父母真正意义上的成功，就是让孩子尽早作为一个独立的个体，这种分离越早，父母就越成功。所谓完美的人生，其实是拥有自己的选择权。一个能决定自己人生的孩子，是幸福的，因为他拥有了选择自己人生的自由；一个能让孩子自己做选择的父母，是明智的，因为他们放弃了自己的控制欲，敢于让孩子过自己的人生。

最后，让我们再花一分钟的时间，重温一遍著名诗人纪伯伦的诗：

你的孩子不是你的孩子，
他们是生命对自身的渴望而诞生的孩子。
他们借助你来到这个世界，却非因你而来；
虽在你的身边，却并不属于你。
你可以给予他们的是你的爱，却不是你的想法，
因为他们有自己的思想。
你可以庇护的是他们的身体，却不是他们的灵魂。
因为他们的灵魂属于明天，
属于你做梦也无法到达的明天。
你可以拼尽全力，变得像他们一样，
却不要让他们变得和你一样，
因为生命不会后退，
也不在过去停留。

（节选自《你的孩子不是你的孩子》）

作为父母，你长大了吗

著名心理学家阿德勒曾说，幸运的人一生都在被童年治愈，不幸的人一生都在治愈童年。童年时，如果父母能够给予足够的照顾和情感的交流，孩子就会健康快乐地成长，发展出能适应环境的品格，成年后即便遇到挫折，也能从温暖的童年中汲取力量。

可惜的是，为人父母，并不是每个人都做好了准备，能够给孩子传递这样的力量。当我们还没有完全弄清孩子需要怎样的成长时，他们已经在我们的慌乱中长大了，而我们的心智似乎还停留在曾经的那个少年阶段。

在一次讲座中，我曾给父母们出过一个题目：请写出男孩子______，他需要__________；女孩子______，她需要__________。然后我为他们分析了男孩儿、女孩儿在不同阶段的特点和需求。

我一边观察孩子，一边观察家长。很多家长已经陷入沉思，而不是与孩子交流。很明显，他们的注意力已经不在我这个问题上了，他们脑子里想的是“那时候我______，我需要的是__________”。

我接着问现场的家长，有多少人刚刚是在想着自己小时候的需求，结果还真有不少人举手。

确实，很多父母教育子女时更多的是在满足自己小时候的需求，而不是孩子的需求。因为自己幼年时的需求没有得到满足，转而在养育过程中渴望实现当初的那个需求。我见过一些家长特别能找乐子，会千方百计参与孩子的世界，让孩子的世界变得好玩儿。乍一看，大家会觉得他们陪伴得真好，其实他们只是看起来在陪孩子，实际上是在满足自己玩乐的需求。经常有妈妈说自己的老公像个孩子，玩玩具的时候只顾自己开心。

由于儿时缺乏父母的陪伴，父母从不参与他们的游戏，或者是想做的事总是被父母禁止，以至于他们成年以后希望为自己补偿这一切，孩子的游乐嬉戏提供了绝好的机会。这样的亲子关系，虽然陪伴足够，他们也很受孩子喜欢，却不能赢得孩子的敬重。在与孩子玩乐以外，其实他们并没有过多可以交流的话题。这样的父母也不能够和孩子建立更亲密的连接感。

虽然为人父母，但实际上内心并不愿长大，这就是长不大的父母的一种直接表现。

在现实生活中，长不大的父母还有很多类型。除了希望在养育过程中弥补儿时的缺失，他们也往往缺乏觉知能力，会把童年的问题带到养育孩子的过程中，让养育变得支离破碎。通过多年的观察，我总结了五种不成熟父母的类型。

情绪波动型

有些成年人容易出现一种很奇怪的现象，就是好好的忽然不知怎么就不开心了。他会使用情绪化的语言和行为，如果家人表现出来的是不关注，他就会生闷气。他想要引起家人关注，但家人根本弄不清他生气的原因，他只希望别人揣测，希望别人能懂他，但就是不说出来。如果别人问他有什么需求，为什么生气，他会更生气。揣测别人为何产生不良情绪，对成年人来说都是很困难的，孩子面对父母这样的情绪时就更难理解了，他们往往会认为是自己的错误导致了父母的不开心，但又不知道自己错在了哪里，进而变得无所适从。

这类父母只关心自己的感受，而忽略家人的感受，因为在他自己的成长过程中，父母就是这样对待他的。因此，即便在周围人看来他情绪化已经很明显了，他却并不觉得自己有情绪，也不能确定自己是否有情绪，而家庭氛围却受到了很大的影响。

情感拒绝型

有一类家长对孩子从来不会表现出任何形式的爱意，哪怕是抚摸、拥抱，而是动辄一顿吼：“哭什么哭？有什么好哭的？也太没有出息了！”也不允许孩子软弱和寻求帮助。当然，他对自己也是这样，会在内心鼓励自己要坚强，不允许表现出软弱。一旦孩子受到伤害或排斥，他不仅会禁止孩子表现出悲伤的情绪，还会勃然大怒。他想用发脾气来证明一切都还在他的掌控之中。

这样的父母，他们成长的家庭往往也是一样的。他们的父母在养育过程中，自己的情感就是不成熟的。在成长过程中没有情感的滋养，导致他们成年后不善于表达感情，也不善于经营亲密关系，情感上很干涩，内心是孤独又渴望的。表现在家庭关系上，夫妻关系比较紧张，与朋友有距离感，与孩子之间也是充满冲突或者相处冷漠。

还有一类父母往往把自己定义成理性的化身，在家庭生活中也强调公平，只讲道理，不讲情感。这类父母可能是解决问题的高手，却忽视了情感交流。这样会让孩子感到自己不被重视、不重要，内心与父母的情感必然是疏离的，但是又不知道问题在哪里。孩子长大以后在处理情感关系方面，也会缺乏方法和策略。

父母固然要坚强，要自我成长，但也应当带着柔软和温情，这是孩子们热切盼望的。以同理心贴近孩子的内心，并给予理解和支持，才是父母给予孩子成长最好的礼物，将来有一天，孩子们也会满怀同样的柔软和温情去疼爱他人，这就是温柔的力量。

社交回避型

有一类家长，当家庭遇到矛盾冲突时，他们往往会选择退缩回避，或者用似是而非的道理敷衍过去，因为他们也不知道该如何处理。比如孩子在外面受到欺负，回到家，父母不疏导，不想办法，不闻不问，把事情交给孩子自己处理。孩子在家庭中除了身体的成长，心理得不到任何支持和滋养，依靠感很弱。时间长了，即使有什么问题，孩子也不会跟父母说，直到出现大问题，父母才后悔莫及。

在家里没有良好的沟通训练，孩子在外面的社交情况也会很差。这类家庭的孩子往往显得更孤独。

事件驱动型

事件驱动型的家长在家中总是有事说事，没事的时候几乎没有交流，没有什么“废话”。亲子之间缺乏思想的交流，也缺乏情感的交流，他们往往要求孩子按照父母的意愿去做，否则就认为孩子不听话、不孝顺，从而出现发脾气、暴怒的情况。

这类家庭的孩子，迫于父母的道理，似乎从小到大都很听话，一切按照父母的安排去做，但他们的内心并不平静。他们一旦离开家，有了自由选择的机会，就会立刻摆脱家庭的控制，甚至做出让父母觉得完全不可理解的事来。

我认识一个孩子，从小到大任何事情都由父母安排，报高考志愿的时候反抗过一次，但是没能成功，结果大学毕业后一门心思要出国读研，而且研究生选择了与本科完全不相关的专业。我问他为什么这么多年都没反抗过，报志愿的时候却反抗得那么激烈。他说，从小到大道理都听腻了，自己的感受父母从来不关注，中学六年他一直想着还有多久能离开父母，简直到了倒计时的地步。想着上了大学就不会被控制了，必须选个自己喜欢的专业，没想到最终还是顺从了父母的意见，毕竟上学需要家里的经济支持。后来他如愿出国，读了自己最喜欢的专业，从此和家里的联系就更少了，即使联系也几乎不谈及工作和学习的情况。

父母想尽一切办法，想为孩子好，最终换来的却是冷漠。孩子忍受了多年，终于得到自由，但这样的自由却是以失去亲情为代价，实在可悲！

我们讲到各样类型的问题，很多并非父母想这样做。其实在父母自己的成长过程中，他们也是在极力摆脱的。但悲哀的是，他们不喜欢他们父母的这种养育方式，但又无法摆脱，长大后又有意无意去建立和发展这种关系。因为舒服，所以觉得安全；因为熟悉，所以随时演绎。

当然，我们不是说这样的代际传递问题就没有办法解决。原生家庭不是我们推脱问题的理由，一个人的过去虽然会影响他的将来，但不能决定将来，也不能决定他的个性，更不能决定他做什么样的父母。成为父母，就是开启了一段全新的旅程，过往的经验并没有那么重要，关键看你想要去往何方。

所谓成长，就是满怀希望地行进。不管是孩子还是你我，甚至我们的父母，都在路途中行进着。只要我们带着觉知，相信我们有能力改变，就能不断向好，就能成为一个合格的、成熟的家长。

你是否听见孩子内心的声音

我与哥哥小时候关系非常好，但后来有一段时间却变得很差，从他上初一开始，我们竟有6年的时间几乎不说话。直到他离家上了大学，给我写了一封信，我才知道，原来这么多年里，他心中一直是有怨恨的。

他在信中跟我说：这6年我一直在恨你，我觉得我活在你的光环下。妈妈、老师、邻居都说，我踏实，你聪明。我那时刚刚进入青春期，意识到聪明是个褒义词，踏实是个贬义词。从那一刻起，我就对你很讨厌。

我细想起来，确实有一次我们说着话就吵起来，还打了架，从此就再也不说话了。而他不知道的是，其实我从小到大一直是很羡慕他的，羡慕他能安安静静地坐下来学习。那时候我们家有了全村第一台电视机，屋里坐满了来看电视的人。我哥哥在房间里，趴在缝纫机上写作业，丝毫不受打扰。我俩做过很多玩具，哥哥每次都收纳整理得比我好，让我很羡慕。

高中时哥哥在学校外面自己租了房，他说是因为家里太压抑。他打篮球打到半夜，上课睡觉，成绩一落千丈。高三的时候有一段时间他不上课，去工地打工，父亲也不敢说他，因为快高考了，怕他出什么状况。好不容易回到学校，因为耽搁太多，最后只考上了一所师范专科学校。

但是哥哥的优秀是刻在骨子里的，毕业8年以后，他以专科学历用6个月时间跨学科考上了研究生。我惊诧之余，才了解到他高中以前是多么优秀，他小学、初中阶段一直都是年级第一名，中考也考了全市第一名，而我了解到这些已经是自己30岁以后的事情了。

然而即便这样，现在他仍然觉得自己不如我优秀，因为小时候内心的声音没有被父母听见，自己的抗争也一次次失败，他最终还是接受了“踏实”的标签。

踏实原本是个褒义词，即便今天，我在夸孩子时也是用踏实而非聪明，然而在我哥哥那个年龄，因为从来没有人告诉他这是父母对他的肯定，孩子在混沌中就以为给自己贴上了不聪明的标签。他一次次想要摆脱，却没有人看见，一次次呐喊，却没有人听到。

后来从事家庭教育，我才对读懂孩子的重要性有了深刻的理解。我常常想，即便踏实这样的褒义词，都能给孩子带来这么大的影响，何况父母没有关注孩子的内心，甚至是给予负面的回应呢！听见孩子内心的声音，或许是作为父母需要掌握的最重要的一项本领吧。

当孩子内心在呐喊的时候，父母不能及时关注到，往往容易导致孩子出现一些目的错误的举动。最常见的是寻求关注、寻求权利、报复和自暴自弃，这在生活中随处可见。

寻求关注

当孩子的内心不能被看到的时候，他往往会做出一些让父母烦心和愤怒的举动，比如搞破坏，黏着父母，跟父母对着干，等等。父母的烦心和愤怒恰恰是孩子想要达到的目的，他希望父母因为他这样的举动而关注他。可惜的是，并不是所有的父母在关注到这些之后都会去思考孩子到底需要什么。孩子得到的往往是制止和批评。

我哥哥上学的时候搬出去住，不上学去打工，其实就是想向父母证明，自己也是很聪明的，不用努力学习也能取得好成绩。但父母一直都没有意识到他的目的，没能给予帮助，以至于耽搁了学习，高考失利。庆幸的是，他并没有把它演变为报复，而是逐渐走了出来，真正展现自己的优秀。

还有一种常见的情形是，本来能完成的事，但孩子就是不去做，情绪也不稳定，导致家长非常心烦，甚至恼怒。其实，这是孩子明显的寻求关注的信号。

即便是较小的孩子，他也很擅长使用这招。一个有趣的现象是，当小宝出生后，一向表现非常好的大宝会突然回归婴儿状态。他绝不会因为自己大一点儿就让着弟弟妹妹，他有自己的一套逻辑：爸爸妈妈对我的关注少了，是因为弟弟妹妹的出现，为什么呢？因为小宝会哭，于是他也会采用哭的方式，像个小婴儿那样唤起父母的关注，而且发现这招还挺灵。

有的孩子发现每当自己弄坏东西的时候，父母就会过来，会关注，哪怕是批评。所以他就习得了这种方式。

当父母发现孩子在使用这些方式的时候，怎么办呢？很简单，就是跟孩子确认你爱他，明确地告诉他你爱他。如果家庭里有多个孩子，要安排特别的时间，单独和某个孩子在一起。当孩子感受到父母的关注，并且知道父母懂得他的内心需求时，他就不会执着于那些不可理解的行为了。

寻求权利

很多时候，孩子总是说“不，我就不”。他明明知道这样做不对，但就是蛮不讲理。有时是通过哭闹，有时是通过自动关闭耳朵，根本听不到父母说什么。这实际上是孩子在寻求权利——我要说了算。如果父母坚持自己的想法，结果往往会闹得不可收拾。正确的做法是，父母应当从中抽

离出来，给予孩子选择权，或者一起商议解决方案，甚至寻求孩子的帮助。如果孩子的做法是不对的，父母也要态度温和，立场坚定。

我儿子四岁半的时候，家里买了一台钢琴，当天晚上就发生了冲突。儿子把他的玩具小火车摆到了琴凳下面，妈妈说这样会把凳子的漆碰掉，不让在这里摆，但儿子非要在这里摆。僵持不下，儿子就喊我来“管管妈妈”，于是有了下面的对话：

“你把凳子的漆弄掉了，所以妈妈会生气，爸爸也不同意把玩具摆在凳子下面。”

“爸爸，我不爱你了。”

“不管你爱不爱爸爸，爸爸都爱你。”

“爸爸，我不要你了。”

“不管你要不要爸爸，爸爸都要你。”

“爸爸，我讨厌你。”

“你再讨厌爸爸，爸爸也超级超级喜欢你！”

儿子听完愣了一下，眼泪汪汪地看着我，我张开双臂，他一下子就扑到我怀里。

我说：“你哭吧，等你哭够了，我们再说哦！爸爸知道刚才你讲的都是气话，其实你根本不想不要爸爸，说不爱爸爸也是气头上的话。”

儿子抽泣了一下说：“爸爸，我也超级超级喜欢你！”

我说：“你想要把小火车这样摆是怎么想的呢？”

儿子说：“我觉得这里像山洞，可是妈妈不让我的小火车钻山洞。”

“如果小火车每天钻山洞会怎么样呢？”

“会把凳子弄坏了。”

“那你现在还想这样摆吗？”

“想！”

“你就是想要小火车钻山洞是吗？”

“是的！”

“那我们想个办法吧！”

最后他想到可以用纸箱。我们在纸箱上掏了一个洞，还写上了“大涵洞”三个字。大涵正好是他的名字，他非常开心。自从有了这个“山洞”，儿子就再也不到琴凳下面玩小火车钻山洞的游戏了。

孩子的内心需求，是需要家长用心去关注的。很多时候，我们总是想要粗暴地阻止孩子，却没有意识到，我们阻止的不只是孩子的行为，还有他的内心和他应有的那一点儿小小的权利，阻碍了他在这件事上本可以发挥出的创造力。

报复

曾有一位妈妈来找我咨询，当时她的额头包着纱布。原因是有一天她进家门时听到儿子房间有声音，就想看看，刚推开门就有个东西砸过来，竟然是一台电脑显示器，还伴随着儿子怒吼的声音：“让你再管我！”通过聊天得知，这位妈妈是一位非常啰唆、强势的妈妈，她认为要让儿子好，就得凡事听她的，结果儿子到了青春期大变样，完全不在她的掌控之中，还反抗起来，使用暴力报复妈妈。

其实不光是青春期的孩子，小年龄段孩子里面报复的现象也很常见。比如故意损坏东西，伤害别人或者自己。对父母的管教进行反抗，甚至打父母，还有的孩子会出现自残行为。

父母会觉得，孩子怎么这样对我啊！其实反思一下就不难理解。当父母只关注自己的期许，忘记了孩子也有自己的需求时，孩子就会感觉自己不重要，没有价值，没有归属感，这个时候伤害自己，或者报复父母，对于他或许压根儿不会感到有任何不当。

自暴自弃

很多年前我曾辅导过一个高三的孩子，他的家庭条件很好，但亲子关系很差，在家里和父母基本不说话。有一天父亲发现孩子放学没回来，从窗户往外看，发现孩子一直在小区里转圈儿，就是不回家。父母问他为什么这么晚回来，他也不搭理。

我问孩子为什么在家里不想说话，他说，因为从来得不到父母的表扬，不知道怎么成为他们心目中的好孩子，就想逃避。

我说你完全可以学得很好，他说我做不到，我从来都很笨，你别费心思了。你知道我考试多少分吗？二三十分，我就是没脑子。我说我们先试一下，从填空题开始。他说不用试，我就是不会。我说那你熟悉哪些？他说高一的好点儿。我就找了一道高一的题，他做出来了。我说这就是去年的一道高考题啊。孩子非常惊讶，说我怎么会做高考题呢！我说高考题考的都是你学过的知识点，当然也包括高一的知识了。

后来，在我一步步地鼓励下，他进步很快，还考上了重点大学。

这是一个典型的抱着自暴自弃想法的孩子。不管父母怎么说，他都不听，心里想的是“我就这样了”，也不相信父母是爱他的，更不希望有人给他建议，觉得那些都是压力。他的这种状态，其实就是习得性无助。

期望太高，目标太大，却没有得到有效的支持，缺乏鼓励和赏识，以至于每一次的经验都是负面的，让他打心里觉得自己不会成功，时间长了干脆放弃。

曾经，我们认为自己很了解孩子，但是有一天，你会发现孩子的想法让你大感意外。不知道从哪天起，我们已经不再把关注点放在对孩子的理解上，放在对孩子内心的感受上。期许太高，支持不到位，批评指责多，这是问题家庭普遍存在的情形。孩子的体验都是负面的、无力的、挫败的。这样的孩子，内心都有一个声音：请看到我！请帮帮我！给我一点自信！请让我感受到被关注、被鼓励、被赏识！只要父母重新拿出对孩子的信任，努力发现他在生活中的优点，及时发现，及时鼓励，哪怕是一点点的进步和小小的优点，都能帮助孩子摆脱无助，慢慢建立信心。这样的孩子后劲儿通常也会非常足。

停止
你的“诅咒”

有一次，我带孩子在小区广场玩，一位老人引起了我的注意。她的声音特别大，总在不停地对孩子喊着：别跑，小心点儿，再跑小心摔倒把牙磕掉了。结果老人话音还没落，孩子果然摔了一跤，老人扶起来一看，牙齿磕掉了，嘴唇上都是血。

孩子疼得哇哇大哭，老人虽然看起来也很心疼，但似乎更气恼，对孩子说，叫你不要跑不要跑，会磕了牙，看把牙齿磕掉了吧！

生活中，像这样的场景很多。比如，孩子端着一碗汤，要走到桌边去，父母担心地说：“别洒了！”不出所料，十有八九会洒掉。孩子用剪刀时，父母担心地说：“小心别扎到手！”孩子一旦扎了手，就开启指责模式，顺便加一句：“叫你不听话！”

为什么会出现如此神奇的现象呢？其实这就是负面心理暗示对人的心态及行为造成了不良影响。如果你担心某种情况发生，那么它就更有可能发生。还有一种情况是，凡事无论概率高低都有不好情况发生的可能，一旦发生，人们会更关注当时的“预言”，强化当时“负向预言”的精准性，哪怕是极小概率的。

其实类似这样负向预言的情况，在我们养育孩子的过程中是非常普遍的。典型的语言模式就是：“你再这样做，你就会……”“别……，小心会……”

除了负向预言，还有一种诅咒式的关心也比较常见。比如：“你太小了，你不行！”“你压根儿不会，你就别去做了！”很多时候孩子是有能力做到的，但是如果父母长时间在耳边说他能力不行，做不到，孩子就会认为这是事实，接受这样的评判。看起来大人是在关心孩子，实际上却是在阻碍孩子的发展。

这种诅咒式的关心还有一类变式，就是重复性地给孩子贴负向标签。这类父母大都比较唠叨。比如孩子胖，他们就会经常说，你太胖了。孩子潜移默化之中接受了这个标签，就像脑袋上装了一个去不掉的紧箍。“反正我就是胖，我也没办法啊！”孩子对胖这个状态反而敏感度降低，所以“我吃零食也很正常啊”。

有的孩子不善于表达，很多家长就特别爱说“我们家孩子嘴笨”。孩子渐渐就会觉得“我是个不善于表达的人，那我出门就不说话了”。

再比如，“我们家孩子胆小”“你太内向了……”这类语言，不管是对孩子说，还是当着孩子的面与其他人说，其实都是在给孩子不停地贴上负向的标签，让孩子觉得自己就是这样的。

其实，不管孩子是肥胖还是胆小，或者是内向，都是暂时的情况。孩子具有无限可能，这些都能得到改变，但是当家长不断强化这样的负向标签时，孩子就会很无力。因此我们发现，在这样的语言环境下长大的孩子，大多数都应验了家长当初的“预言”。

当家长觉得孩子目前的情况有问题的时候，正确的做法应当是给孩子提供帮助。比如肥胖，那就限制孩子的热量摄入，多运动；胆小，那就给孩子创设环境，带着孩子战胜胆小。何况有些看起来是缺点，其实也并非缺点，比如内向，当家长总是这样说孩子的时候，孩子自然把它看成了缺点，慢慢就产生了自卑心理。

有一些家长认为自己能准确预言，特别厉害，所以当孩子在他的“预言”中成了那个样子的时候，就会对孩子进行嘲笑：“你看，我早说过，我说了多少遍啊，你就是不听，怎么样，果然这样了！”还有一种因噎废食型的，比如家长会说：“这个太危险了，不能玩，你看那个孩子就碰到了吧？”负向预言把孩子推往预言的方向，事后嘲笑又践踏孩子的自尊，可谓是一套完美的毁掉孩子的模式。

当然，我们不是说出现问题的时候不能指出孩子的错误。即便事先讲过规则，确实需要孩子承担后果，但当后果出现时首先还是要表达对孩子的关心，应当分析问题，帮孩子想办法避免下次再发生，而不是定义为“你就是个不听话的孩子”。

还有的家长特别喜欢把孩子的行为上升到人格的层面。比如孩子没经过同意拿东西了，就说孩子是小偷；孩子没完成任务，就是不守承诺的人；孩子吃饭撒得到处都是，就是个粗鲁的人；孩子爬高摔倒受伤，就是冒失、淘气……当孩子出现不当行为的时候，父母关注的不是为什么失误，应当怎么样去挽救，而是一上来就给孩子的人格进行定性。

朋友家的孩子特别爱画画，有一次我们在聊天的时候，他一直很安静。结果，我们聊完天儿发现孩子竟然把一面墙都画上了画。朋友当下就恼了，说，你就爱到处乱画，不听话，这样非常讨厌。我跟他说，孩子爱画画是好事，他觉得墙面画画挺合适，就自己画了，这不能怪孩子。等他气消了，我建议他弄一面黑板墙，这样孩子画得开心，也免去了清理墙面的麻烦。果然，后来孩子更爱画画了，朋友也省心了。

出现问题时，站在孩子的角度看待问题、分析原因，找到解决问题的方法，这才是解决问题、助推孩子成长的正确方式，而不是给孩子的人格定性，贴上标签。

还有一种恐吓式的诅咒对孩子伤害很大。比如父母对孩子说：“你要再不写作业，以后只能去乞讨了；你再吃垃圾食品，就会越来越笨……”虽然父母想要强调的是前提，但孩子记住的却是结果。孩子的行为没有改变，最后很可能自暴自弃，导致出现那个结果。

很多时候，孩子对自己的行为并不能意识到有什么问题。不写作业，爱吃垃圾食品，在孩子看来都是很正常的事，因为这些让他觉得快乐。这时候需要父母告诉孩子应该怎么办，帮助孩子改掉不好的习惯，建立好习惯。恐吓有时候反而会导致相反的结果。

曾经有一位棒球冠军受邀到一所监狱同犯人交流，有一位犯人问他，你是怎么成为世界冠军的？世界冠军想了想说，我小时候特别爱打棒球，就在院子里打，结果打碎了玻璃。爸爸说，你可太棒了，照你这样练下去，你能成为世界冠军。后来我努力练习，果然成了世界冠军。听了冠军的话，犯人垂下眼皮，有些忧伤地说，其实我小时候也很喜欢打棒球，有一次我也是打碎了玻璃，我爸爸说，你再这样打下去，一定会进监狱的，所以我现在在这里。

正向预言的力量，不是那些成功者的事后包装，而是真真实实存在的，并有实验进行过验证。1968 年的一天，美国心理学家罗森塔尔和助手们来到一所小学，说要进行 7 项实验。他们从一至六年级各选了 3 个班，对这 18 个班的学生进行了“未来发展趋势测验”。之后，罗森塔尔以赞许的口吻将一份“最有发展前途者”的名单交给了校长和相关老师，并叮嘱他们务必保密，以免影响实验的正确性。其实，罗森塔尔撒了一个“权威性谎言”，因为名单上的学生是随机挑选出来的。8 个月后，罗森塔尔和助手们对那 18 个班级的学生进行复试，结果奇迹出现了：凡是上了名单的学生，成绩都有了较大的进步，且性格活泼开朗，自信心强，求知欲旺盛，更乐于和别人打交道。

这就是著名的“罗森塔尔效应”，它告诉我们，期待是一种能量，暗示也是一种能量。如果你始终给孩子传递一种良性暗示，它会让事情出现转机，让孩子变得更加出色；如果你给他传递一种不良暗示，事情往往会变得很糟糕，因为不良暗示中包含有对人的贬低、歧视，它会让人消极自卑，乃至一事无成。更何况相比其他人，父母的话对孩子来说更具有影响力。

爱迪生小的时候，有一天放学回家，老师给了他一张纸条，用信封封好，让他交给妈妈。他回家后，妈妈把信打开，一边看一边流泪。爱迪生问妈妈，老师说了什么？妈妈大声读给孩子听：“你的孩子是个天才，这个学校对他来说太小了，我们找不出更好的老师来训练和培养你的孩子，请你自己教导他吧。”

在母亲过世很多年后，有一天爱迪生无意中在衣柜里看到当年老师写给妈妈的那封信。他打开一看，原来信上是这么写的：“你的孩子有智力上的缺陷，我们不能让他继续留在学校就读，请你带他走吧。”看完信之后，爱迪生的心情非常难过，但又很激动，他在日记里这样写道：“爱迪生是个有智力缺陷的小孩儿，但他的母亲让他成为世纪天才。”

孩子做错事或者做不到是成长的契机，而不是责罚的借口，以责罚或嘲笑来对待孩子，只能说明我们情绪管理能力差，缺乏养育的智慧。

孩子的潜力巨大，他们的一切思想、行为都是动态变化的、是发展的，他的能力也是随着身体的成长而不断提高的。作为父母，我们必须用发展性语言来评价孩子，以成长性思维来看待孩子出现的问题。当孩子出现失误，或者在某方面达不到要求时，我们应当认识到，孩子在这方面目前还没有准备到位，还需要进一步发展。若我们能提供适当的帮助和支持，孩子未来会做得很好。

很多时候，面对孩子的问题，我们只需要改变一下语言，或许结果就大为不同。下一次，当孩子做不到的时候、做错了的时候、不愿做的时候，试试这样对他说："你只是暂时做不到，只要……你就能做得很好。爸爸妈妈相信你能做得很好，你只需要……"

给孩子指出一条通路，并提供助力，给予孩子祝福而不是诅咒，你会惊喜地看到，孩子的表现出乎你的意料！

请选择
孩子能接受的沟通方式

一位公安局局长在茶馆里与一位老头儿下棋，正下得难解难分之际，跑来一个小孩，着急地对局长说：“你爸爸和我爸爸吵起来了！”老头儿问：“这孩子是您什么人？”局长说：“他是我儿子。”

请问：两个吵架的人和局长是什么关系？

这是我在很多家庭教育讲座时经常讲的一个故事。很简单的一个关系，但是每一次，现场绝大多数人都答不对。

为什么会搞不清关系呢？很明显，“公安局局长”“与老头儿下棋”这些要素中，有一个刻板印象占据了很多人的大脑，那就是：公安局局长是男性。这样一来，孩子说的话就让人摸不着头脑了。

然而，谁说公安局局长不能是女性呢？谁说女性不能与老头儿下棋呢？这就是思维的局限性。

其实我们每个人的思维都有局限性，它可能是因为你的经验，可能是因为你的学识，也可能是家庭的熏陶，或者是历史环境所致。我们经常用这种局限性看待外在的事物，看待我们的孩子。

更要命的是，这种局限性常常是我们觉察不到的，所以我们总是在用我们的有限去认识孩子的无限，这就会产生很多认知偏差。当我们用这样的认知去采取行为时，就会导致行为上的偏差，最后产生我们本不想要的结果，或者并不是真正有利于孩子发展的结果。

这种认知产生的矛盾，首先会出现在我们与孩子的沟通中。在与孩子发生矛盾时，我们常常认为自己说的是对的，孩子说的是错的，认为自己的沟通技巧、方式没问题。我们认为自己比孩子有经验，容易把问题归咎于孩子，矛盾就是这样加剧的。因此，很多时候当我们冷静下来，从孩子的角度看待问题时，往往会对自己原来抱持的观点和做出的行为感到羞愧。

当然，我不是说经验就不重要。在教育方面，经验固然重要，但如果囿于经验，不懂变通，经验反而会成为我们的障碍，降低我们对孩子的洞察力。

因此，开放的心态是我们在教育孩子，特别是与孩子沟通时首先要秉持的状态。我们应当怀着一颗不断觉察的谦卑之心，看待孩子的无限可能，重新开启我们与孩子的沟通之旅。

那么，在沟通过程中，怎样不断拆掉思维的墙，让沟通变得顺畅呢？我觉得至少有三个关键。

沟通的前提是情绪控制

静能生慧，静不仅是一种智慧，静还是产生智慧的土壤。不能静下心来，没有好的情绪时，宁可不要沟通。在沟通的过程中，如果发现自己有情绪，需要立刻暂停。因为情绪是会迅速生长的，情绪的盖子一旦打开，想要遏制很难。

很多时候，我们与孩子的沟通很容易变成对孩子缺点的数落，越想缺点越多，越想越生气，不知不觉就变成了情绪发泄。本来想要解决的问题反倒忘了，孩子也无辜受到伤害。

我自认为自己是比较能觉知情绪的，然而也有情绪上来难以控制的时候。有一次，我辅导儿子做数学题，一开始还挺顺利，我们都心平气和。到后面题目有了难度，讲一遍他不懂，再讲一遍还是不懂，我就渐渐有了脾气。虽然没有发出来，但儿子明显感受到了我的情绪，原本还在思考的脑子更加转不动了，噙着眼泪一动不动。我见他这样，便自己起身去了别的房间。冷静之后，我再回来跟儿子说，爸爸刚才有情绪，不应该大声跟你说话。我亲了亲儿子，继续说，我们重新讲讲这道题吧。接下来的辅导就很顺畅。

学会倾听

倾听能让孩子打开心门，它决定了沟通的成败。

倾听实际上是在与孩子建立同理心。当你愿意去倾听孩子的时候，就能避免过早否定孩子的做法和粗暴地给建议。否定和直接给建议往往会导致沟通失败，让孩子觉得无能，缺乏价值感。很多时候，孩子只是需要释放他的情绪，而不是需要解决方法。

而且也只有在倾听之后，我们才能搞清孩子的意图，如果他需要帮助，我们再提供解决的方案。

需要注意的是，认同情绪不等于认同行为，只有在认同情绪的前提下去关注他的行为问题才会有效。

我儿子四岁多的时候，很喜欢玩一个高铁模型。有一次他在小区里玩，一个小妹妹走了过来，看了一会儿想摸高铁模型，还说:“哥哥，我想要玩。”儿子说：“我还没玩够呢！”就气呼呼地拿到一边去玩了。小妹妹一看，就开始哭起来。

这时候我就蹲下来跟儿子说："你是不是特别喜欢高铁？"他说："是的。"我说："小妹妹想摸你的高铁模型，你很不开心，你不愿意分享，是吗？"他说："是的。"然后情绪慢慢舒缓下来。

我接着说："这是你的玩具，你可以决定要不要给谁玩。你还记得吗，前天有一个大哥哥，你想玩他的水枪。"他说："是的，我想玩，他没给我玩。"我说："当时你是什么感受？"他说："我很难过。"我说："现在这个小妹妹也在经历你的感受。爸爸看到你那样对待小妹妹，有点意外哦，你是个很慷慨的孩子，又懂得谦让，本来以为你会让小妹妹开心。有没有办法让你俩都很开心呢？"他说："那我把那个小汽车给她玩。"我说："这或许也是个办法，但是小妹妹喜欢的是你的高铁。"儿子说："那我不玩的时候给她玩。"于是他就把小汽车给小妹妹玩了，小妹妹玩得很开心。

本以为这就完了，可是儿子又故意在小妹妹面前把高铁模型拿在手里绕来绕去，还看着小妹妹，嘴里模拟高铁的声音："嗖……嗖……"见小妹妹不理他，他自己等不及了，主动把高铁给小妹妹玩了。然后跟我说："爸爸，我很慷慨地和小妹妹分享了。"我鼓励他说："儿子，这就是你慷慨的样子，你就是一个慷慨的孩子。你知道什么是慷慨吗？"

儿子说："慷慨就是愿意和别人分享！"

我说："一个玩具，大家都喜欢，希望你能分享，你不愿意，你能忍住难受，仍然与别人分享，这就是慷慨。慷慨能让你有更多朋友，而且你会有越来越多的玩具。因为那样的话，别人的玩具也会分享给你。"

儿子点点头，很开心地和小妹妹一起玩了。

孩子不愿分享，他们总是首先要满足自己的欲望，这是正常的，因为孩子天生就是以自我为中心的。在面对冲突时，如果一味强调哥哥要让妹妹，就会让孩子很伤心。先告诉孩子，你懂得他那一刻的感受，然后对话才能顺畅进行。

如果孩子的行为确实需要纠正，在同理孩子感受的过程中，也可以让孩子同理你的感受。比如，我跟孩子说，“爸爸看到你那样对待小妹妹，有点意外哦”。让孩子也能感受到那一刻我的感受，这样，他就更容易听进我的话。

坚持立场，态度温和

有些事约定好了，但孩子就是不去做，这个时候的沟通就需要坚持立场，但态度要温和。

当然，坚持并不是非要和孩子闹僵，令孩子伤心，而是要让他明白你的立场。在孩子讨价还价的时候，你只需保持原来的语气，温柔地将规矩反复强调，孩子便知道谈判失败了。否则，当孩子掌握了大人的心理，就会越来越得寸进尺，到时候更难掌控局面。所以，无论多艰难，都一定要坚持自己的立场，谢绝讨价还价。只有你遵守了规则，孩子才会跟着你的步伐一起向前走。

我儿子小时候特别喜欢看动画片《海底小纵队》，说好看 1 集，但他有一次看完之后非要再看 1 集，不看就哭闹。

我跟他说，我们一开始约定好了呀，只能看 1 集，而且一次看的时间太长对眼睛也不好。等你长大点儿就能看 2 集了。儿子见我不允许，就喊妈妈，说“妈妈妈妈，爸爸不让我看，你来管管爸爸”。他以为妈妈会说服我让他看。

我用眼神向她示意，让她站在我这边。妈妈会意后对儿子说：“你开始已经答应看 1 集了，妈妈也觉得爸爸做得对呀！”儿子一听开始大声哭起来：“妈妈让我再看 1 集嘛！”这时候由于心疼孩子，觉得两个大人针对一个孩子，孩子太可怜了，妈妈也流起泪来，但理智告诉她此刻应该坚持立场。于是她一只手放在我的腰上，说一句“你爸爸说得对啊”，就掐一下我的腰。

儿子看妈妈也不支持，有点无助，更加大声地哭起来。我趁机说：“爸爸知道你很想看，不让你看，你难受，哭一哭会好点。如果还想哭，爸爸妈妈等你，你哭完了就告诉爸爸妈妈，爸爸抱抱你好不好？”等他不哭了，我就拥抱他，抚摸了一会儿，并夸赞他说话算数。

虽然那次腰被掐得青一块紫一块，但从那以后儿子几乎没有在约定的事情上闹过脾气。后来他大一点儿了，开始看动画电影，电影时间都比较长，我们约定每次只能看 40 分钟，闹钟响了就自己关掉，他也管理得很好。有些影片 40 分钟时正是剧情吸引人的时候，但他都能说到做到。

亲子沟通不光是为了解决问题，还包含了亲子间爱的流动。无论任何情况，沟通时都要让孩子感受到你的爱，当他感受到了你的爱，有时候你无须去讲道理、去说服，孩子自己就转变到与你合作的轨道上了。如果不善于用语言表达爱，那么充满爱意地耐心等待孩子平静下来，然后拥抱他，也是不错的。

用鼓励和赞美
成就孩子强大的内心动力

我的老家在阿尔泰山脚下，有山有水，有绿油油的草原，有茫茫的戈壁，还有一种野生动物——狼。小时候每到黄昏时分，就能听到狼叫的声音。

我7岁的时候，有一天和妈妈在山坡上干活儿，太阳落山我们往家走时，忽然听到有狼在很近的地方嚎叫。妈妈微笑着问我："儿子，你害怕吗？"我很害怕，可又不好意思说，犹豫了一下正要说害怕。妈妈说："妈妈挺害怕的，怎么办？"我马上说："我不害怕！妈妈，我保护你！"

妈妈说："儿子你真勇敢，你打算怎么保护我？"我一摸兜里，发现有一把折叠铅笔刀。我把它拿出来，跟妈妈说："妈妈你在前面走，我在后面走。"我拿着铅笔刀左右张望，做好了跟狼搏斗的准备。妈妈说："妈妈有你这样的儿子真好，我的儿子真勇敢！"

后来我才知道，其实妈妈并没有害怕，她是在故意弱化自己的能力，找我来帮忙。正是她的鼓励和赞美，让我有机会发现自己的勇敢，并且从那以后，我真的变得更加勇敢了。她那一刻对我的依赖，给了我一种成就感，也增强了我的责任心。她的话不仅在当时那一刻鼓励了我，在往后的日子里也给了我极大的力量，让我充满了勇气。每当我遇到挫折的时候，当年保护妈妈的那个画面就会跳出来，让我重新充满力量，总能想办法冲破困难、解决问题。

再后来，当我成了一位父亲，我也经常使用这样的“策略”。在儿子取得成绩时，我由衷地赞美；在他遇到困难，面临退缩、信心不足时，我给予他充分的鼓励。有时候我还会适当示弱，创造赞美与鼓励他的机会。比如做作业遇到困难的时候，我会说：“爸爸像你这么大的时候，还不会呢。”他感觉很自豪，又有兴趣继续做了。我发现每一次赞美与鼓励都能带给他信心与力量，就像当年妈妈带给我的那样。

为什么赞美和鼓励可以带给孩子终身的力量？因为赞美和鼓励能够让孩子有价值感，而自我价值是人的生命中一切动机的基础。对于孩子来说，这就是成长的动力。

当一个孩子的自我价值感很强时，就会表现出对自我完善的渴望，表现出积极性。在父母鼓励与赞美之下成长的孩子，他会将自尊和自爱视为生活的起点，相信自己有价值，并逐渐体会生命的价值。

赞美与鼓励也能够帮孩子建立和强化自信。美国作家爱默生曾说：“自信是成功的第一秘诀。”有自信，才会有成功，而夸奖是提升孩子自信心最有效的方式之一。

我高中的时候对学习语文很反感，也总是考不好。但教我语文的张立群老师从来没有放弃我，她有一次私下跟我说：“陈一彬，你注定是一个不平凡的人！”这个鼓励让我内心起了很大的波澜，我那阵子经常在想，我真的会是一个不平凡的人吗？我并不确定，但是心底确实开始对这个目标产生了期待。后来她又在我的作文上批语：你一定要写下去，你一定能写出一些成果，你将来一定能成为一个作家。我一直不知道她为什么会那样跟我说话，给我写那样的话，但她的话和批语让我一直有一种力量，就是一定要做出些成绩来。

在从事教育的这些年里，我经常近距离接触一些家庭。我发现，善于使用鼓励与赞美的父母，他们家庭里的亲子关系都很好。因为父母的赞美与鼓励会产生一种新的氛围，有助于父母与孩子之间建立一种积极的关系，使彼此更加亲密和信任。而且，鼓励与赞美本身就能直接强化孩子获得成功的情绪体验，满足他的成就欲，使孩子自我感觉良好，加上充足的自信与彼此的信赖，也会激发孩子对新事物尝试的兴趣和探索的热情，更容易成才。

然而，现实中父母使用赞美与鼓励的情景却并不多，因为传统文化里教育孩子是不主张鼓励的，人们常常把这样的情感埋在心底。甚至很多时候会有一种误解，就是担心赞美和鼓励可能使孩子变得骄傲自大。

赞美与鼓励孩子确实是需要讲究方式、方法的，我想每个人在听到别人的夸奖的时候，并不只想别人简简单单夸赞你的成绩和获得的结果，肯定是希望别人欣赏你获得成功的过程。孩子也是如此，因此，我们在使用赞美与鼓励的时候，确实需要有一些策略。

首先，多赞美孩子在通往成功过程中的努力，让他明白，他的成功与他的努力是分不开的，而且你看到了他努力的过程。这样的赞美让孩子获得价值感的同时，也更容易帮助孩子形成成长型思维——任何事情只要你努力，你都能够做到，眼前的失败只是暂时的，你还可以不断学习进步。过程中的态度和品格的形成才是最应该关注的。

对于那些不需要付出努力就获得了的品质，比如聪明、美丽一类的，并非不能表扬，因为这是客观存在的，确认这样的品质也是对孩子的激励。只是表扬的次数不宜太多，而且表扬的过程中要让孩子知道什么才是最重要的，明白这些无须努力就能获得的品质，也需要持续的努力才能长久保有。

比如，长得美是天生的，但是想要维持美就需要保持适当的运动、良好的清洁习惯，衣着要得体，这些都是需要花费精力、耐心和努力的。比如，聪明有天生的成分，但如果不持续学习，聪明也会慢慢消失。当你在夸赞的过程中，帮孩子认识到这些，就能让孩子在接受外在的同时，也知道内在该努力的方向。

现实中常常还有这样一种鼓励和表扬，比如，你好好做，一定能做到爸爸要的那样。说这话的时候，家长可能没有想到，其实自己是带着期许的，并不是单纯的鼓励，实际是在用鼓励和表扬去控制孩子。这会让孩子觉得做这件事是为爸爸做的，那么你的鼓励就很难成为他的动力。

很多人认为，赞美要具体、要理性，避免使用"你很棒"这一类空泛的赞美，必须赞美努力的过程，让孩子知道应在哪个方面去努力。在我看来未必一定如此。有时候忘情地赞美也是孩子需要的，因为很多时候你与孩子之间的关系，只有你们能感觉得到。当你觉得需要用爱与赞美来确认这种连接的时候，无论是否涉及具体的事情，你都可以忘情地拥抱与赞美他。让孩子确认你的爱，可以极大地增强孩子的价值感，让孩子感到满足。有时候我们甚至要主动创造一些机会来给予孩子赞美，带给孩子成就感，每一次小的成就感都是孩子对自己的肯定和建立自我价值的基础。

面对孩子，我们会觉得好像没什么赞美的机会，除非是取得了好成绩或者是做成了一件什么事，我们才会想到给予赞美。我们常常会发现别人家孩子身上的优点，却忽略了自己孩子的优点，看到的总是他的缺点。其实孩子哪有什么缺点，所谓缺点，不过是他的特点罢了。这样的缺点才是他作为个体最重要的特质，就看你怎么看待。事物本身并不影响人，影响人的是人对事物的看法。当我们换个视角来看待孩子，会发现赞美的机会到处都是。

比如我儿子塌鼻梁，很多人会觉得塌鼻梁不美，但我觉得还挺有特点的。儿子说自己塌鼻梁不好看的时候，我就跟他说，爸爸就觉得你的塌鼻梁挺可爱的，他对着镜子看来看去，说好像确实挺可爱的。后来我儿子每次介绍自己，就会说，我有个最显著的特征就是我有个美妙的塌鼻子。

只要我们认为应当去赞美与表扬孩子，就无须关注他人的看法，因为爱是从我们每个人的心底自然流出的。当孩子在你的赞美与鼓励中感受到满满的爱，他们就会对世界满怀善意，对未来充满期待，他们自我成长的动力就由此被唤醒了。你只要坐在路边鼓掌，就能看到孩子一路向着光生长。

第3章 适宜的爱，才能托起孩子

以对方能够感受到、能够接受并且喜欢的方式去表达爱，不仅是父母应该学会的爱的方式，也是孩子获得幸福的必备技能。

你的爱，孩子是否能够感知到

每次面向父母做讲座，我都能强烈地感受到每位父母都是那样爱孩子，愿意为孩子付出一切。但常常是父母全力付出，孩子并不领情，他们无法感受到幸福、感受到被爱。父母忍受委屈，也只能在心底安慰自己，孩子还小，还不理解父母的良苦用心。然而，真的是孩子太小不理解父母吗?恐怕多数时候，还是父母的这种爱没能有效地传递给孩子，没能让孩子感知到。

我小时候就曾深刻感受过这种无法接受的“爱”。

我的父亲脾气一直比较暴躁，我小的时候，同学知道他在家都不敢来我家玩。我们也总是想办法躲着他，不敢跟他说话，因为只要他说话必定是吼叫，家人对他的关心他也常常是以一句“别管我”顶回来。这让我总有一种感觉，就是父亲不爱我们。有一次我犯了错被父亲打，我一赌气离家出走，但是半路上实在是饿，无奈又回了家。那时候我就下定决心，等我长大了，我一定要离开他，甚至想要把他打一顿。

直到哥哥考上大学后发生的一件事，让我重新认识了父亲。就在哥哥离开家上学的前一周，父亲病了，高烧不退。母亲说去医院，他就发脾气说不去，我们也不敢说什么。但烧得实在太严重，母亲一句“你不去我就给你跪下”才劝动了他。找人送他去医院，他又暴怒，说自己走得动，哪里要人送。于是他自己骑车十几千米到了医院。

晚上，姐姐提议说不知道爸爸在医院怎么样，我们一起去看看爸爸吧，我们都不想去，很怕又被他训斥。最后哥哥做了决定，说还是去看一下吧。我们借着月光走向医院，就在离医院还有一段距离的时候，我们看到有一个人正往这边缓慢移动，一瘸一拐，似乎是用双手抱着一边的大腿，一高一低往前挪着走。我们还取笑说，这个人走路还真搞笑。笑着笑着，姐姐大喊一声“爸爸”，我们赶紧跑过去，果然是父亲。哥哥问父亲这是要去干吗，父亲说，你明天要上学，我也送不了你去学校，就想回去看看你也好。

哥哥一下子扑到父亲怀里，我们三个孩子也抱着父亲哭得稀里哗啦。那一年我 17 岁，印象中是生平第一次抱着父亲。后来才得知，因为高烧，他的大腿上鼓起一个大包，以至于走路都无法挪腿，之后有一周的时间都没能下床。

就在那个晚上，我对父亲所有的抗拒和怨恨都消散了，知道了父亲原来一直都爱着我们，而我们却丝毫不能理解他的那份爱。心疼他这些年是怎么过来的，家人都不理解他，远离他，抱怨他，他却还一直那样爱着我们。

可能是习惯了以往的表达方式，父亲并没有因为那一次的拥抱和理解而发生改变。后来我有几次想要与他聊天儿，但是四目相对的时候，始终不知道怎么说，他也是默然无语。上高中的时候我在离家较远的学校附近住，他每周都有两个晚上要骑车给我送菜。我很想跟他说说话，但刚一开口，他就交代好好学习，看着我学到十一点就转身走了。我想要送送他，他不让我动，说要赶回去，明天早上还得起早干活儿。

随着我们之间的心慢慢走近，后来的很多年，父亲似乎很少发过火，我也不再惹他生气。现在，我每次回家还会抱他、亲吻他。我知道他这样爱着我们，只是不知道如何适宜地表达，以至于那么多年我们一直感受不到，他的内心经历了怎样长久的孤独！

或许正是自己儿时的经历，让我最终选择了从事教育，我想帮那些曾经像我一样的子女去感受父母的爱，也帮助像我父亲那样的父母去表达对子女的爱。此后的人生中，我也一次次看到，还有那么多的家庭，因为不懂爱，不懂表达爱，以至于子女背离，父母伤心痛苦。

我常常在想，怎样的爱才是真正的爱？埋藏在心里无言的爱或许伟大，但如果我们没有用行动明确地传递给孩子，或者传递了，但孩子不能够接收到，它还是有效的爱吗？

我们总是更容易感受到母亲的爱，因为我们与她曾连为一体，曾有长久的肌肤之亲，哪怕她不曾表达什么，我们依然能感受到爱的流淌和传递。甚至生活中母亲随时随地的唠叨，尽管感到厌烦，但当我们在某一刻去回味的时候，也依然能感受到母亲那细腻的爱。

但是我们与父亲之间的爱似乎总是没那么容易连接。父亲在我们心中代表的是一种力量，是一种厚重的依靠，当我们需要这种力量的帮助时，才可能转向他，但也很难有细腻的沟通。而父亲往往不善于表达，很多话也无法说出口，情感的连接就会弱很多。

但是，这并不表示孩子天生就应该与父亲有隔阂，父爱也可以有属于自己的表达方式，让爱能够真实有效地传递出来。我常常鼓励爸爸多带孩子玩，比如爸爸可以多参与孩子的运动锻炼等活动，打打球，远足，也可以来一次胡闹时间，把自己当成孩子的大玩具，这些都是很好的情感表达机会和亲子关系建立方式。

即便不善于运动，也可以有很多机会与孩子在一起。大多数爸爸的空间思维比妈妈好，带孩子做做积木搭建的游戏、思维类游戏等，有助于孩子建立空间感，构建逻辑思维。

父亲本就是用来依靠和超越的。在游戏、运动的过程中，孩子能真实地看到父亲，感受到父亲的力量。一开始孩子会发现，父亲无所不能，在对父亲的仰视中，在父亲的庇护之下，他自然而然就建立了安全感。随着自己能力的不断增长，他对父亲的仰视会逐渐转为平视，因为他会发现，父亲其实也没那么神奇，也有不会做的事，这会让孩子体会到成就感和价值感。当他发现父亲并不完美，也有缺点的时候，他就不会苛责自己。如果父亲在这个过程中能够学会适当示弱、自嘲，鼓励孩子超越自己，孩子就会获得非常强烈的自信心。父亲的爱，也就在其中了。

实际上，我发现很多亲子关系出现问题的家庭，往往是因为爱的表达不适宜。当孩子感受不到爱的时候，就不愿意接受你所做、所说的一切，对孩子的教育也无从谈起。

一种典型的情形是，很多父母是爱孩子的，但却是用斥责、强迫的方式去表达自己的爱，他们觉得，自己都是为了孩子好，斥责、强迫没有什么不妥。但以孩子的理解能力，他很难感受得到这背后的爱。很多人在为人父母后回忆儿时，都会感叹一句“现在才懂得当初父母都是为自己好”，可是在这种懂得前，不知经历了多少次的伤心，安全感也越来越弱，而父母的行为模式也不知不觉刻进了我们的意识里，让我们今天在养育孩子的过程中，还或多或少无意识地使用着，因为隐秘，而常常不自知。

怎么才能把心中的那份爱适宜地表达出来，让孩子能接收到呢?

我觉得，首先必须有尊重。无论孩子年龄大小，他都是一个独立的个体，都值得我们去尊重。尊重的前提是要看到孩子。平常我们在说话的时候，如果孩子插嘴，我们通常会回一句：大人在说话，小孩子一边玩去。虽然有时候会委婉点，但孩子接收到的意思差不多。这其实就是不够重视孩子的需求，让孩子觉得自己是不重要的，时间长了，孩子就会觉得父母并不爱他。

我们应该尊重孩子每一次发声的机会，让他把话说完。如果暂时没办法解答他的问题，或者他不能参与这个对话，我们需要解释一下，让他明白我们重视他，并且尊重他，用我们的行动和态度让孩子感受到。

共情也是很重要的一点。在尊重的前提下，进入孩子的世界去观察孩子，站在孩子的角度设身处地地去考虑问题，看看孩子真正需要的是什么，而不是以父母的身份自以为是地认为，我们给孩子的就是他需要的。如果我们给予孩子的爱并不是孩子需要的，那么这种爱就是一种负担，由此会产生隔阂。

当然，孩子与成年人对事物的理解还是有很大差异的，不是我们共情之后就一定能懂得和满足他的需要。这时候就需要我们用信任去支持孩子，让孩子知道，无论他想做什么，即使父母理解不了，只要不损害他人的利益，父母都会支持他，是他坚强的后盾。这其实就是以孩子需要的方式给予他爱和力量。

当我们以孩子能感受到的方式去表达爱，经常把自己放到孩子的位置上去感受一下，你的方式是孩子能够感受到被爱的吗？我想，这样我们才能真正成为懂爱、会爱、能爱、享受爱的人，我们与孩子的关系才能处于一种时时被爱滋润的状态，相互给予力量。

你的孩子在过度养育吗

我讲一个非常有意思的案例。

有一次，我办公室来了 7 位家长，他们是一家人，为了解决一个 3 岁孩子吃饭的问题。

孩子日常与爸爸、妈妈、爷爷、奶奶一起吃饭，这次来的还有姥姥、姥爷和小姨。他们把吃饭做了明确的分工，奶奶的话孩子最爱听，是总负责人，爸爸手稳，负责端碗，奶奶喂饭，妈妈辅助，爷爷拿玩具和摇铃铛。吃饭的时候，奶奶会说宝贝儿吃饭，大老虎张嘴，孩子就是不张嘴，但是这家人的喂饭水平很高，孩子被逗得张一下嘴，奶奶一勺饭就喂进去了。每天吃饭都是这样将就着，妈妈上班经常迟到，眼看马上要上幼儿园了，没办法，这才来找我咨询。

这是典型的过度养育问题，也就是溺爱。我针对问题提了几个要求，包括饭前 2 小时内不能吃零食；饭前和吃饭时可以提醒但是绝对不能喂饭；盛多少吃多少，剩饭下一顿继续吃，吃完再吃新的；规定时间，以家里大人吃饭最慢的为标准，吃完就收拾，不能再吃。他们给孩子讲了这些规则，然后选择了一个周六的中午开始。

结果，吃饭前爷爷、奶奶就很紧张，一遍遍提醒孩子。孩子根本不听，吃饭时照样玩玩具，奶奶要喂，被爸爸阻止了。孩子饭后很想吃零食，爸爸坚持不给，爷爷、奶奶到处找，发现零食被爸爸扔到大衣柜上面，奶奶搬来椅子让爷爷上去拿。

我问这几位家长，孩子为什么不吃饭？他们觉得可能是孩子不饿。我告诉他们，其实孩子是在斗，孩子知道父母看到他饿了难受，会心疼，会屈服，肯定有零食吃，因为父母爱他。从来没有付出的人是不懂得珍惜和责任的，不懂得珍惜和责任就永远不会懂得真正的爱。

所以我问了一个特别难的问题：你们觉得孩子爱你们吗？大家面面相觑。

对这个孩子来说，吃饭已经不是他的事，而是父母的需要了。他不吃的时候父母很着急，吃的时候父母很开心。孩子不断确定这样一个事实，就能通过吃饭来控制父母。吃饭也就由他的生理需求变成了父母的心理需求。孩子的感受偏移了，甚至丧失了对生理的感受。

父母需要做的已经不是怎么让他吃饭，而是把这个生理需求还给孩子，让孩子重新有饥饿的感觉，哪怕过程中会有一些小小的痛苦。

我给的建议是，周六中午吃完就收拾，所有的家长装睡。然后他们发现，孩子自己玩了一会儿之后，见屋里没动静，大家都睡着了，就偷偷溜出去把刚放进冰箱里的剩饭拿出来吃了个精光。第二天一喊吃饭，他早早就坐在餐桌前，吃得很好。

整个过程没有说教、没有指责、没有哄骗、没有威胁，家人不用鸡飞狗跳，只是尊重了孩子的生理需求。

像这样溺爱孩子的情况，在很多家庭都存在。没有找到有效的方法，长期的溺爱导致孩子专横跋扈、自私，具有攻击性，而且幼稚冲动，不成熟，自控力差，给成长的过程带来一系列困扰。

很多父母说，家里有老人，总是溺爱，也没办法呀。把溺爱的问题归咎于老人，我是不认同的。

老人的溺爱有生理方面的原因，因为随着激素水平的下降，人会变得越来越温和；也有心理的原因，由于阅历和人生经验，老人更懂得孩子的需求，遇事也更淡定，因此表现出更多的情感投入而少了管教。况且溺爱也不全是负面的，有老人溺爱的孩子，对爱的感受更强，内心更柔软。

在溺爱方面，真正起到主导作用的恰恰是父母。抚养和教育孩子是父母的责任，而不是老人的责任，对老人我们心怀感恩，感恩他们在这样的年龄还能帮我们照顾孩子。

与溺爱相反，另一类过度养育的表现则是过度限制。

我曾经在很多讲课场合和大家玩一个“不要想老鼠”的游戏。过程是这样的：

闭上眼睛，不要去想在你的左脚脚面上趴着一只灰色的老鼠，它正龇着牙，想要咬你。

不要想，它正在顺着你的腿往上爬。

不要想，那只老鼠已经爬到了你的大腿处。

睁开眼，你想到了啥？

没有一个人没想到老鼠，所有人都在脑海中为自己创造了一只老鼠，而且是灰色的。

我们越是控制自己不去想那只灰色的老鼠，就越容易想。这是为什么呢？

因为语言是由大脑的不同部位产生的。当我们去想灰色老鼠的时候，大脑的一个部分在工作，而想“不要想”的时候，是大脑的另外一部分在工作。当两个部分加在一起的时候，才能够形成“不要想那只灰色的老鼠”

这个概念，而这个概念必然包含“那只灰色的老鼠”。

生活中，我们常常会要求孩子不要做什么，不要想什么，但实际情况是，你越不想让孩子做的事，孩子反而越想去做，甚至不做到不罢休。

所有的“不要”，说到底都是在限制孩子，目的无非两个：一是想要孩子完美成长，二是不想让孩子经历风险。当我们希望一切都在自己掌控之中的时候，就是一种过度养育。

想要让孩子完美成长的家长，自己往往是追求完美的人，这样会导致孩子没办法自由成长，很难养出真正自信的孩子。因为在“正确地做事，做正确的事”的信念之下，孩子处于被过度监督和帮助的压力之下，抑制了自力更生和自我复原的能力。这会让孩子行为保守，缺乏目标，害怕去做探索、尝试和突破，心智也始终处于幼稚、自控能力差的状态。

这样的孩子往往更倾向于接受妈妈的教导，做听话的孩子，但是这种听话也只是暂时性的，当他大一点儿的时候，他可能会忤逆父母，出现叛逆行为。父母会很难接受，那么听话的孩子怎么一下子变成这样了，却不知道，孩子的内心长久以来都在试图冲破父母希望他构建的完美人生。

在养育完美孩子思想的指导之下，父母也充满了不安、焦虑和竞争思想，很难享受到育儿的快乐，也得不到孩子的喜欢。很多父母跟我诉苦，说我一切付出都是为了孩子，在别人眼中，我也是个完美的妈妈，为什么孩子从来不懂感恩，不愿跟我亲近？

在养育过程中，我们总想把自己成功的经验和失败的教训告诉孩子，为他设定一条看似完美的成长路径，却忘了他应当走自己的路，而且他注定不可能完美。

对孩子的限制，往往也是源于我们自己习惯性的意识，这是养育过程中必须突破的一个困难。怎么突破呢？我经常建议一些对孩子追求完美的父母，把平时对孩子的要求和自己的行为写下来，看看会不会觉得自己很荒唐。

很多父母写着写着就感到非常惭愧。有的父母发现，自己回家时正在为领导交代的一项工作而抱怨，却要求孩子必须练习30遍他并不喜欢的钢琴曲；有的父母发现，他经常跟另一半因为某件事情争执不下，却总要求孩子要懂礼貌，要懂得分享……

每一位父母都应当这样反思一下，很多问题一旦被意识到，也就很容易突破了。养育也是我们与孩子一起成长的过程，趋于完美是很好的理想，但如果苛求就变成了彼此之间的伤害。

有些父母总是对孩子限制，倒不是追求完美，而是不想让孩子经历风险，这类父母往往是焦虑型的，因为焦虑，所以想要过度保护。过度保护很容易让孩子过度敏感，内心的“小孩儿”很难长大，心智很难成熟。父母的焦虑在不自知的情况下，也会潜移默化传递给孩子，导致孩子的焦虑情绪。

在我原来的幼儿园里，有个孩子已经入园几个月，还是经常早上一进园就哭。我发现她妈妈每次送孩子来都不愿离开，总是蹲下来，泪眼婆娑地皱着眉，不断地给孩子抱抱、亲亲，要走的时候，还总是转身说，妈妈要走了哦，这次妈妈真的要走了哦！老师把她推出门，她还要回头跟孩子说，妈妈今天会早点来接宝宝哦！

妈妈的微表情被敏感的孩子捕捉到了，让孩子解读为，我在这里是不安全的、不被关心的，只有妈妈才是爱我的，于是就产生了焦虑。

父母总觉得孩子离不开家长，其实是父母离不开孩子。我们总是在担心孩子会不会吃不好，会不会睡不好。父母的过度养育，让孩子限于过于狭窄的心理空间，无法很好地成长。

作为父母，我们应该做到的是，放下焦虑，提供真正有价值的支持。把焦点放在孩子的感受上，给孩子提供温暖的、鼓励的、真正适合他发展的心理营养。

怎么样才能提供真正有价值的支持呢？最简单的方式是改变我们的教养语言，注意替换日常用语和说话习惯。比如为了规避风险，我们常用“不要……”的句式，下次再遇到这样的场景时，可以用“做一下深呼吸”代替“不要紧张”，用“注意你的手”代替“不要碰”……语言转换了，意识就会跟着转换，慢慢就能形成新的思维模式。

其实，不管是对孩子的溺爱，还是对孩子的限制，都指向一点，那就是，在孩子的眼里，成长已经不再是他自己的事，而是父母的事。因此，一旦脱离了父母的精心照料或限制，孩子就会无所适从。当他不清楚正确的成长路径时，很自然就会走到歧路上。为父母者不可不深思！

孩子的积极开关
就掌握在你的养育方式里

个体心理学创始人阿德勒曾指出：孩子的经历并不能成为他行为的指导，只有那些从经历中得到的体验才具有指导作用。孩子在做一件事的过程中，如果他体验到的是开心、喜悦等积极的感受，那么他将会获得继续前进的动力；如果他体验到的是焦虑、恐惧等消极的感受，那么他势必会本能地选择远离。因此，能真正引发孩子成长的，是孩子内在的体验。父母学会关注孩子的感受，是引发孩子真正成长的第一步。

然而，在孩子的内在世界里，引发快乐的体验与引发痛苦的体验往往一开始并不那么明晰。当外在事物引发某种情绪的时候，它们可能引导孩子走向积极有利的方面，也可能引导孩子通往消极与痛苦。此时，父母的引导就格外重要。

羡慕与嫉妒

羡慕与嫉妒是孩子常出现的两种心理状态。当孩子发现同龄人拥有的东西比自己更好、更多的时候——成绩、相貌、玩具、老师的表扬，甚至是家长的关注——他的内心往往会产生小小的嫉妒。

孩子小小的嫉妒心，有时候会引发一些矛盾，有时或许仅仅是一瞬间的情绪罢了。但是如果忽视了这种情绪，对孩子的影响却是深远的。当嫉妒发展到没有办法控制的时候，孩子就会产生报复他人的心理，比如讥笑、背后议论、孤立比自己优秀的人，可能还会采取其他手段打击报复。因为他敏感、多疑、情绪化、协作能力差，所以社交状况也会很差，这又会增强他的嫉妒心，从而形成一个恶性循环。

其实每个孩子都希望自己能变得更好，当他发现自己不如别人的时候，产生羡慕之心是必然的。羡慕是让人心生自卑，还是激发进取心，完全在一念之间。但是对于孩子来说，是很难意识到并做出正确选择的，他更容易跟着情绪走。因此，当我们发现孩子有羡慕之心的时候，应当帮他去认识。羡慕处理好了也是一种健康的心态。羡慕能够让人产生追求和拥有的动力，哪怕一时能力不及，只是单纯地欣赏和赞美他人，也是不错的。

有一次我儿子看到一辆漂亮的小汽车，特别羡慕，就问我这是什么车，我跟他说了汽车的品牌，他就问，我们能不能买一辆，太好看了！我知道这辆车的价格是很高的，就对儿子说，这辆汽车价格太高，我们家要是买这辆车的话，就会影响生活。而且，你看这辆车只能坐两个人，底盘还很低，完全不适合我们家用。儿子看了看说，也是，确实不太适合，我就是觉得它太漂亮了。

我跟他说，你要是特别想要的话，等你长大，自己努力赚钱买吧，或者爸爸到时也可以帮你，但是现在肯定不行啊。钱有很多种用途，可以买漂亮的小汽车，也可以用在更有意义的事情上。你还记得吗？有一次我们去那个指挥家爷爷家里，他可是非常著名的人物，但是你有没有发现，他穿的衣服和我们好几年前见他的时候是同一件。他是买不起新衣服吗？不是。是因为他把钱用来帮助自闭症儿童了。每个人都有自己认为重要的事和重要的东西。儿子点点头，似乎听懂了。

喜欢这辆汽车，也许只是儿子一时的感受，也许他会把它深埋在心底，将来去实现。但这都不重要，重要的是，他懂得了什么是对自己重要的事，也懂得了羡慕一个事物，想要得到喜欢的东西，就要自己努力去获得。

父母在关注孩子感受的同时，进行正确的引导，能够让孩子面对内心真实的自己，建立健康的认知，并以此来指导自己的行为方式，让孩子既能充满梦想，又能脚踏实地。

自信与自负

自信与自负，其实都源于自恋。孩子刚出生的时候，对世界还没有足够的认识，饿了只要一哭，就有奶吃，就有人来抱，让孩子觉得自己是全能的，其实这是一种原始的自恋。只是随着不断成长，遭受挫折会让孩子发现自己并非宇宙的中心，这种原始的自恋会消失或者转化。

如果是转化，通常有两个方向。一种是成熟的自恋，积极有进取心，充满活力，有智慧和勇气，充满创造力，也就是自信。另一种则可能是喜欢对别人颐指气使，渴望成为领导者，自认为高人一等，而内心却是敏感和脆弱的，缺乏安全感，也就是自负。

自信的人身上充满活力，对自己的能力有正确的判断和把握，会不断给自己加油鼓劲；而自负的人对自己的能力估计得过高，在竞争中容易轻视对手，从而容易招致失败。

过去，我们常说孩子需要夸奖，越夸越自信，因为传统上父母是很吝啬对孩子的夸奖的。但现在对孩子的夸奖似乎又走到了另一个极端。例如，有些孩子做成了一些微不足道的事，或者是这个年龄段的孩子轻易就能做到的事，父母也大力夸赞孩子。这样的孩子往往很容易自负。

因此，孩子是自信还是自负，关键在于父母的引导。当发现孩子的优点和好的行为方式时，给予客观的认可和鼓励，孩子的成长就会充满自信。反之，如果不能以客观的角度与孩子沟通，甚至刻意去夸大、去迎合，就会让孩子变得自大，眼高手低，形成自负的性格。

懦弱与勇敢

懦弱与勇敢看起来对比分明，但很多时候内心感觉是相像的。当遇到困难、危险的时候，人的本能都是害怕的，但不同的是，有的人会退缩、屈服，有的人会面对和接受自己的害怕，并战胜它。此时就有了懦弱与勇敢之分。

孩子遇到挑战时也存在选择的问题，是让懦弱占上风，还是让勇敢主导内心，取决于父母平时采取怎样的养育方式。通常来说，如果孩子生活在过多的保护和限制之下，厌恶风险与挑战，当面临挑战的时候，就容易选择退缩。如果父母能够接纳他的害怕，建立了良好的心理连接，孩子面临挑战时会倾向于迎难而上，也就是勇敢。

一旦孩子选择了勇敢，在他眼中就不再有失败了，因为每一次的失败都能激发更大的勇气，他也会把失败看作前进道路上必须经历的障碍，是积累经验、锻炼成长的机会，会不断反思、优化自己的策略。而懦弱者选择退缩，注定了失败。

讲到这里，我们发现，其实孩子的情绪无所谓好坏，一切都取决于父母的引领方式。不同的选择，决定了孩子如何面对当下的事物，更决定了孩子将去往什么样的方向。可以说，养育是一种选择，挑战着父母的认知，也考验着父母的智慧。

孩子的成长需要规划，还是顺其自然

我曾遇到过一位天资聪颖的孩子，但当我与他的父亲聊天时，我为这个孩子的未来深感担忧。于是有了下面的对话。

我：你儿子虽然还小，但看得出来天资很好，好好培养，前途不可限量呢。

孩子爸爸：还行吧，顺其自然就好。

我：怎么叫顺其自然呢？

孩子爸爸：就是不用管太多，该怎么成长就怎么成长。我小时候父母也没怎么管，我也过得挺好的。孩子嘛，肯定比我们这一辈要强。

我：你对孩子未来有没有什么目标或者说是憧憬呢？

孩子爸爸：就我现在这样挺好！

我：你觉得孩子要怎么样做，未来才能过上你目前的生活呢？

孩子爸爸：上个大学肯定是要的！

我：你觉得如果像你父母培养你那样培养孩子，孩子能上大学吗？

孩子爸爸：应该能吧！

我：那你上过大学吗？

孩子爸爸：没有。我那个时候因为青春期叛逆，没把心思放在学习上。

我：是啊！如果那个时候有长辈能陪伴你、引领你，你觉得你的未来会和现在不一样吗？

孩子爸爸：也许会更好吧！

我：你觉得孩子的成长顺其自然就行吗？

孩子爸爸：确实不能顺其自然。

“顺其自然就好！”“将来能怎么样，就看他造化了！”……这样的话我曾在很多场合听一些父母说过。我知道父母希望孩子自由自在、无忧无虑地成长，这没有问题，但大多数父母却把给孩子自由错误地理解为不管不问。先不谈顺其自然的孩子与有着明确规划的孩子有多大的差距，单单是所谓顺其自然成长的孩子，他们彼此之间也存在着巨大的差距，其影响因素却并不那么为人注意。

为了观察养育环境对婴儿成长的影响，我曾主持过一项婴儿成长调研项目。我们在全北京随机选了 10 个两个月大的孩子，入户进行指导，为期一年半。有两个家庭给我印象非常深刻。

其中一家，测试孩子的俯卧抬头时，孩子很难抬头坚持。抱着的时候也明显感觉孩子的颈椎支撑较弱，抬起来几秒钟就又趴在肩膀上了。另一家的孩子，同样的月龄，俯卧抬头已经非常自如，抱着的时候孩子已经能左右转头，还可以面朝外抱着。在后来一年多的追踪中，我们发现两个孩子运动方面的能力始终相差几个月。

不能否认，孩子存在先天差异，但先天差异通常不会这么明显。那么这两个孩子在运动协调方面的差距是怎么形成的呢？我们排除各种因素后确认，它源自父母的养育模式。第一个孩子的爸爸很腼腆，我们在带孩子做运动类活动时，爸爸总是很担心，我们鼓励他做，他从来不敢。第二个孩子的爸爸完全不一样，他自己很爱运动，还经常把孩子抱起来走动或者运动。

这两个家庭，哪个家庭的孩子成长是顺其自然，哪个是刻意规划的呢？显然都谈不上规划，即便是第二个家庭的爸爸，也不认为自己带孩子运动是刻意的，只是因为自己爱运动。我们姑且看作都是所谓的顺其自然吧。

然而很明显，这两个家庭是有着不同的养育环境，这个养育环境我们又怎能不认为它就是一种无意识的规划呢？因此，所谓顺其自然其实是个伪命题，在孩子的成长过程中，绝没有顺其自然一说，无非是规划多少，是否有意识规划。秉承顺其自然理念的父母，不过是在推卸养育孩子的责任罢了，然而内心里，他们依然对孩子抱有期待。

事实上，环境对孩子成长发展的影响，远比我们认为的要深远。《儿童潜能发展心理学》中有一幅环境与儿童智力的正态分布图，清楚地呈现出这种差异。

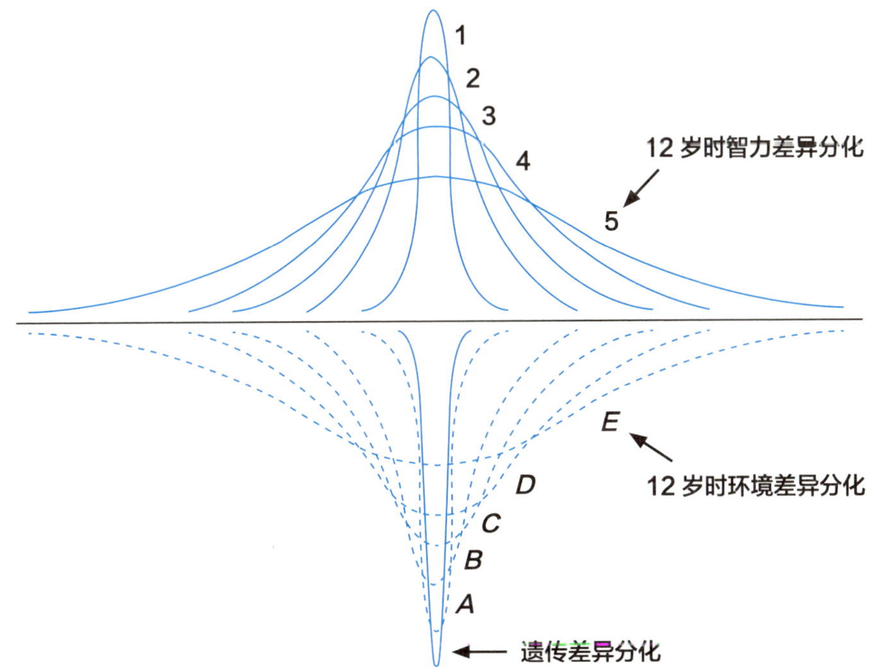

图中 1，2，3，4，5 曲线分别代表的是胎儿期、1 岁、3 岁、6 岁、12 岁的孩子智力差异分化，对应的 A，B，C，D，E 分别是这几个阶段的环境差异分布。同样的群体，年龄越大，智力差异越大。这种环境所导致的巨大差异，也很好地解释了为什么今天留在大城市的人与仍旧在家乡的儿时玩伴之间的认知差异，要大于他们与大学同学之间的差异。

通过研究，我们发现，这个差异不仅存在于儿童智力的分化，也同样存在于情商、学习能力，以及其他社会性能力发展方面。那么，作为父母，难道我们不应该创设更有利于孩子发展的环境吗？我们又怎么能够眼看着孩子顺其自然成长，让糟糕的环境和不确定的机会决定孩子的未来？

也许还有父母仍然抱着顺其自然的想法，毕竟世世代代都是这样，他们甚至会列出一长串放养长大的孩子依然取得了令人瞩目的成就的故事。毕竟，资讯越发达，幸存者偏差越容易占据人的认知。今天，科学养育已然迫在眉睫，因为养育不能重来，我们对养育多一分了解和认知，对孩子的成长多一分关注，他的未来就能多一分确定。

当然，不是说我们做了规划，孩子的未来就能万无一失。至少，规划能够让我们甚至让孩子认识到，成长是有一条逐渐清晰的路径的。

比如，我儿子虽然擅长打篮球，但我知道他无法成为专业选手。因为我曾了解过，在学校进行专业体育训练的孩子，他们的日常平均训练时间是 3 ～ 6 小时，周末达到 6 ～ 9 小时。再比如练钢琴，专业级别的，在我儿子这个年龄，每天练习时间都在 3 ～ 5 小时。那些顶级钢琴家，上幼儿园的时候每天练习就能达到 5 小时，小学在 7 ～ 8 小时，中学以后都在 15 小时以上。

莫扎特曾说过：我每天花 12 小时练琴，人们却用“天才”两个字掩盖了我所有的努力。天才如莫扎特也需要用时间来唤醒天赋，那么对于并无明显天赋，练习时间又不够的孩子来说，如果要走专业路线，是否现实？又应当做什么样的规划？当我们有了为孩子规划的意识，就应当更加清晰怎么选择和前行。

那么，具体到规划，该怎么做呢？

规划并不是说父母按照孩子目前表现出的天赋或者仅仅是自己的想法给孩子确立一个目标。规划要根据年龄段来制定。

0 ~ 3 岁是孩子建立安全感以及早期语言和运动发展的阶段，孩子很难表现出什么特别的优势。因此，不建议太早贸然决定让孩子往某一方面去发展或有重点地开发。

3 ~ 6 岁要重点对孩子的发展进行结构性开发，也就是保证全面和谐发展。在这个阶段，大脑的每个功能区都潜力巨大，全面和谐发展能为以后的重点发展打下良好基础。这个阶段也很难发现孩子明显的优势。

8 岁以后的孩子大脑发育相对比较成熟，对某方面是否具备一定的优势，是比较容易判断出来的。加上处于学龄阶段，可自由支配的时间有限，因此需要做好重点选择。可以基于孩子的爱好，根据家庭拥有的资源条件以及周边环境来决定重点发展什么，切忌选择太多太泛。

为孩子的成长做规划，可以说是一项比较系统的任务，每个孩子又各有不同，很难通过一篇文章讲清楚。但是只要我们认识到了其重要性，我相信每一位父母都会重新思考自己的养育模式。

成长，就是要让孩子的潜力得到最大的发挥，去无限接近和成为那个最好的他。我们不是孩子的创造者，他才是自己的创造者。我们无法给予孩子一个明确的路径和终极目标，但创造一个更能让他认识自我、施展天赋的环境，却是每一位父母的使命。

你的爱
是否过于沉重

曾看过一篇报道，一个地级市高考理科状元，读过北大和美国排名前50大学的研究生居然12年不回家，拉黑父母6年，还写出万字长信控诉父母。

这样的成功人士到头来却跟父母决裂，不禁令人唏嘘。很多人觉得是不是父母对他有过什么巨大的伤害，然而，事实是，父母一直对他深爱有加，只是这份爱过于沉重。

原来，他上学的时候，母亲经常限制他外出，希望他在家里专心学习，很多事情都是一手包办，因为害怕他分心和受伤，以至于他长大后连剥鸡蛋也不会，孤单地承受着嘲笑与蔑视。在长期的忍受后，他终于选择了爆发，他躲避，他拉黑，他控诉，他对父母已经没有了任何爱意。

此刻的他还算是幸运的，至少他冲破了束缚，成为自己。然而也有不少人没有冲破束缚，活成了麻木的模样，甚至演变为与父母恶意相向。不论哪种情况，对于家庭来说都是不可承受之痛。

父母爱子女，为之计深远。然而过于沉重的爱，却让孩子承受不起。我们常听到“一切为了孩子”，因为一切为了孩子，就不得不去做什么，当父母忍受种种而为了孩子时，就对孩子有了期待，而这往往是沉重之爱的起始。

因为对孩子的成长有所期待，父母会经常对孩子要求苛刻。由于目标太高，孩子总是得不到认可，长期没有成就感，很容易在学习上陷入习得性无助，在生活的方方面面也总是觉得自己一无是处。

这类父母会经常指出孩子的缺点和不足，希望孩子尽快改变和提高。父母一心为孩子好，但在孩子看来，父母爱的是他的优点和分数，而不是爱他本人。爱的付出与接收错位，双方都受折磨。

另一方面，父母长期忍耐、无私奉献，这是一种失去自我的付出，自然会期待有所回报。当孩子没能给予父母回报，父母便会有愤怒感、委屈感。常听到很多父母说："你为什么这样对我？我为你做了这么多，你就这样报答我！我不舍得吃不舍得穿，不都是为了你？"言语之中充满强烈的期许和委屈感。这是典型的有条件付出后的失望状态。

生活在高期待之下的孩子，如果达不到父母的期望，他的内心除了压力，还会有一种强烈的愧疚，他会逐渐怀疑自己，怀疑与焦虑会促使孩子想要逃离父母。那些最终逃离的孩子，往往会做出令父母吃惊的选择和改变。没能逃离的孩子，则会因为独立空间的不断压缩，最终被压垮。

对于父母来说，发现孩子的"逃离"苗头，会使他们感觉自己控制度下降，严重的安全感缺失会让他们抓狂。偏激的心态促使他们把手中的线收得更紧，把孩子时刻拴在自己身边，结果激起孩子更大的反抗，甚至酿成惨剧。

出于对孩子的深爱，我们常常会不自觉地把孩子作为家庭的中心，小时候是"小皇帝"，事事满足，长大后一切为学习让道，甚至父母主动放弃自己的生活。一种常见的现象是，很多父母明明婚姻难以维持，但打着为了孩子的名号，长期忍受着。但他们又不甘心如此，因而一个劲儿地跟孩子讲自己的委屈，一再表明自己无论做什么，都是为了孩子。当孩子没能达到期许时，就迁怒于孩子，把所有的怨怒一股脑发泄在孩子身上。

所谓为了孩子不离婚，恐怕很多时候是父母自己不敢做选择，拿孩子作借口，美其名曰是对孩子的爱，却不知这给了孩子多大的压力。如果真是为了孩子，何不积极修复情感，让孩子感受到出问题不可怕，应当积极面对和解决问题，这对孩子也是正面的示范。另外，太多的案例表明单亲家庭也能培育出身心健康的孩子，一个支离破碎、矛盾重重的家庭所拥有的表面完整带给孩子的安全感，远没有一个人格健全的单身父母带给孩子的多。因此，父母只有先真正尊重自己，才能做到对孩子最好的支持。因为要对孩子负责，所以我们要调整自己，而不是一味忍受，因为所有忍受，终有一日会爆发。

爱不是要求和索取，它是在不断满足孩子爱的需求的过程中，让孩子体验到爱，从而懂得付出。教育也从来不是你付出了，孩子就能给你回报这么简单。一切为了孩子本没有错，然而为了孩子失去自我，必将埋下悲剧的种子。只有把对孩子的爱变为自己的选择，不期待回报，付出一切才不会有委屈感。

孩子成长得好不好，与你有关系，而你的幸福却与孩子没有关系。珍惜作为父母的机会，把它当作一次自我完善、自我成长的契机，或许才是将孩子的幸福与自己的幸福联结为一体的正确方式。

有的父母会觉得，我没有对孩子有什么期待呀，我也不求回报啊，我就是想为孩子付出，这总没错吧？在我们的文化里，抱着这样朴素想法的父母是绝大多数，可怜天下父母心，但如果不懂得节制自己的爱，一样会让子女因承受不起而陷入痛苦。

讲一个发生在朋友身上的故事。

朋友的同事K有一个幸福的家庭：孩子、老公，还有一个很爱她的母亲。二胎政策放开后，K再次怀孕了。就在这个时候，K的母亲得了乳腺癌。然而她居然向女儿隐瞒了自己的病情，悄悄做了手术，然后义无反顾地扛起了照顾女儿和外孙的重任。

照顾月子、带孩子本就是一件非常辛苦的事，何况是一位年迈的癌症患者。K的母亲因为忙碌，放弃了后续的化疗，加上积劳成疾，不到一年，癌细胞转移，她去世了。

直到此时K才知道母亲得了癌症，为了自己竟付出了生命。她悲痛欲绝，自责内疚到崩溃，日日以泪洗面，完全没办法照顾两个孩子，还患上了严重的抑郁症。

我听到这个故事时，真的好难过，这样的母爱实在太伟大，也太沉重了！爱孩子是父母的天性，我见过很多父母，为了孩子倾尽所有，无所不能。甚至是一些本性很自私的人，对子女却显示出超乎寻常的无私，不得不令人感慨天然血缘之爱的神奇。但是在付出爱的时候，也一定别忘了想一想，这样的方式孩子是否喜欢，能否接受。

孩子不是为我们而来的，是因我们而来的。我们应当感谢他成为我们的孩子，让我们感受到成为父母的快乐，在这个过程中我们能够不断发现自己的问题，不断成长。

在我们选择成为父母的那一刻，就决定了我们应当去承担责任，无论是快乐还是辛苦，养育从来不是让孩子为我们实现梦想、填补遗憾。当孩子的身上承载了父母的心愿和想法，他就很难成为他想要成为的样子，这何尝不是一种对生命的残忍。

在养育的过程中，所有的爱、付出与辛苦，从来不应当由我们去说，而是需要孩子自己去感受。期待孩子的反哺是人之常情，却不应当去索取。一个从小就学会承担责任的孩子，一个具备爱的能力的孩子，会自发反哺的。养育何尝不是帮孩子培养感受爱、能去爱的能力呢？

与孩子的相处，常常令我想起恋爱的时候，从期待自己变化而让对方快乐，到变成期待对方变化而让自己快乐，无休止的矛盾、不满与指责总是由此开始。对于孩子又何尝不是如此呢？如果我们抱有“我爱你与你爱不爱我没关系”的态度，大概很难出现无尽的爱之后那种失望与愤怒吧。毕竟，我们与孩子都是独立的个体，没有谁应该替谁完成梦想。

想起一首小诗：

你不是我的希望，不是的
你是你自己的希望
我那些没能实现的梦想还是我的
与你无关，就让它们与你无关吧
你何妨做一个全新的梦
那梦里，不必有我

放下控制，放下期待，让爱自由流淌，使他非如我所愿，而如他所是。

孩子的成长
需要心理营养

人其实是有两个我的，一个是生理的我，一个是心理的我，这两个我一开始都是婴儿状态的，都需要不断长大。生理的我需要吃食物，随着年龄的增长而长大，心理的我也需要营养，那就是心理营养。如果没有心理营养，人的心理成长就会与生理成长不同步，所谓的巨婴，就是身体长大了而心理没长大的孩子。

心理营养有很多，我认为最重要的有七种：无条件的接纳，无条件的爱，尊重和支持，真挚的欣赏与赞美，给孩子立界限，给予孩子有效的指导，让孩了拥抱变化。

关于无条件的接纳，尊重和支持，真挚的欣赏与赞美，给孩子立界限，前面都有具体的讲述，这里我想重点说说另外三个方面的心理营养：无条件的爱，给予孩子有效的指导和让孩子拥抱变化。

无条件的爱

人与人之间心灵的通道只有一个，就是感受。对于孩子来说，他的感受主要是父母的爱。

爱听起来虚无缥缈，但是孩子却能敏锐地感知到。父母的爱是孩子成长极为重要的心理营养，当他感受到父母的爱，他才能感觉到自己是安全的、重要的，父母是可信赖的，从而内心变得强大起来。

1960年，心理学家埃莉诺·吉布森设计了一个“视崖装置”。这个装置是用大玻璃板和黑白格花纹的布做成一个视觉上的悬崖。吉布森选择了30名6～14个月的婴儿进行实验。这个实验本来是要测试婴儿的深度知觉，但取得了意外的收获：当婴儿爬到“悬崖”边犹豫不决时，如果站在“悬崖”另一头的妈妈对他微笑、点头表示肯定、鼓励，他就可能勇敢地越过“悬崖”，爬向妈妈；如果妈妈表现出害怕、紧张的表情，婴儿便不敢跨越，甚至哭起来。

当孩子来到这个世界时，周围的一切对他来说都是未知的，他通过父母的神态、眼睛、行为、语言来认识这个世界。什么是安全的，什么是危险的，都是先从父母那里学习，然后自己小心翼翼地去探索，形成对这个世界的认识。在最初的阶段，父母无条件的爱就是孩子安全感的重要来源。

很多妈妈说，我当然爱我的孩子，甚至愿意为孩子付出生命，可是到了问题出现时，马上就变得有条件了。

“你这么不乖，不要叫我妈妈！”

“你要是还这样，我就不喜欢你了。”

“你看看你们班那个谁谁谁，你能有他一半好，我就高兴了。”

父母以为自己对孩子有着满满的爱，在潜意识里却附加了条件，孩子的内心会怎么想呢？他会觉得，如果我做得不好，爸爸妈妈还会爱我吗？假如我没有考到第一名，他们还会带我去吃好吃的吗？如果我犯了错误，他们会不会不要我……无形中就对孩子造成了心理伤害。

给予孩子有效的指导

父母教育的智慧，不光是给孩子建立自我成长的信心，还应该为孩子的成长搭建属于他的阶梯。如果没有有效的指导，纵使孩子再有信心，也会陷于习得性无助，最后信心崩塌。

什么是有效的指导呢？就是孩子能够理解的指导方式。拿跳绳来说，孩子一开始学都会感到困难。大多数父母的做法是，自己跳，然后让孩子照着跳，结果孩子第一个就跳不过来，因为需要同步做的动作太多。父母往往示范了几次就会恼火，觉得这么简单的动作孩子怎么老是学不会？如果采取有效的指导，这个过程会变成下面这样：

第一步，示范双手握住绳子，从身后摇到身前。让孩子做。

第二步，示范双脚跳过去。让孩子做。

第三步，示范原地蹦高，把绳子摇过去。让孩子做。

然后把步骤连起来原地跳 1 个、2 个，然后跳 5 个、10 个，慢慢练习，孩子就能越跳越多了。

一开始孩子可能会跳得很高，甚至不在原地跳，跳着跳着就蹦走了。因为他要同时控制身体和绳子，是很难的。等他可以连续跳 20 个之后，再教他用脚尖跳，或者是双脚交替跳，固定位置跳。慢慢地，他就能做到手脚协调，并且跳得又快又好了。

当孩子连绳子都摇不过去的时候，鼓励和批评都是没用的。要把自己放在孩子的水平，用孩子的视角去看待这个过程，一步步指导，孩子才能领悟到步骤要点。

再比如学数学，很简单的计算题，孩子总是做错，父母就会觉得孩子粗心。实际上这并不是粗心的问题。计算有两个维度，准确度和速度。学习首先追求的是准确度，当准确度提高之后，我们会发现，只要一要求时间，准确度就下降了，因为两个维度叠加会有困难。因此，要先把准确度练得很好，再练速度。

还有一些孩子每节课的内容都学得不错，但一到综合练习就不会做了。因为每一节的准确度和速度都没有达到最好，组合之后又换了场景，孩子就会觉得很陌生，进而影响思维。如果我们不了解个中原理，就会觉得孩子粗心，注意力不集中。

至于如何给予孩子有效的指导，我会在下一章通过具体的场景来展示。

让孩子拥抱变化

世界总是处于变化之中的，因为对未来的不确定性，我们常常感到焦虑，并且不自觉地把这份焦虑传递给孩子。

然而，有什么是一成不变的呢？可能世界上唯一不变的就是变化本身。因此我们给予孩子应对未来的最好方法，或许就是让孩子拥有一颗拥抱变化的心。

拥抱变化是对每个人的挑战，哪怕是在很小的事情上。我发现很多家长一听说孩子的班级要换老师，就很紧张，生怕孩子不适应，会造成影响。有的孩子的确会表现出比较敏感的情绪和行为，但是过度保护会忽视孩子对变化的适应能力，也阻碍了孩子去适应变化。我儿子上幼儿园的时候，有一次我应邀给幼儿园提建议，我说希望班级能每半年换一个老师。园长很惊讶，说家长对换老师非常敏感呢。我说，孩子如果能很快地适应老师的变化，也会有很好的心理成长。

我出去讲课经常会带上孩子，每次就把他放在当地的幼儿园里，少则一两天，多则一周。他从刚开始的拘谨到后来完全没有生疏感，再到期盼这样的环境变化，每次都能和小朋友很好地建立关系。最后再回到自己的幼儿园，又能很好地融入原来的环境中。

当父母不再认为变化可怕，甚至对变化充满期待的时候，孩子自然就能拥抱变化，并很快地适应变化。拥有这样的心态才能面对未来的不确定性。哪怕面临不公平，他也能很好地调适自己。

我儿子有一次参加钢琴比赛，他很想拿到名次，但是最后只进入前二十名。这个赛区有5000多名孩子，我认为这个成绩很好了，但是他有点儿失落。我全程观看了决赛，也觉得他的水平应该可以得更高分。赛后有人分析可能是因为他在小组第一个出场，弹得不错，给了评委对这个小组的一些心理预期，就没有给他高分。

我就跟他说，很多因素是我们不可控的，比如出场顺序，因为是抓阄决定。我们只需要关注可控的因素，把自己的水平发挥到最好就行了。同时，这也说明一个问题，就是你的水平并没有非常突出。如果你的水平远超别人，无论什么样的出场顺序，都不会影响你的分数。而且随着你的水平持续提高，再加上你不可能一直排在不利的位置，那么你总有一天会得到更高分的。

儿子听完点了点头，似乎听明白了。

很多人总抱怨世界不公平，抱怨自己不被公平对待。然而，世界上哪有绝对的公平呢？很多时候你认为公平的事，别人也可能觉得不公平。当你去抱怨不可控因素、抱怨不公平时，其实是把自己的命运交给了别人。在自己可控的范围内发挥自己的最大潜能，把事情做到最好，哪怕你不知道未来会怎么变化，你也能得到公平的对待。

让孩子懂得变通，也是一种适应变化的能力。

很多父母觉得，跟孩子约定的事，一定要死守，其实有时候也没必要。事情总是会有变化，不轻易改变计划，就容易导致冲突。比如，约定每天晚上八点半读故事，一直执行得很好，某天因为来了客人，就给打乱了。等到客人走了，可能已过了睡觉时间，这时候如果继续执行读书计划，就会影响睡觉。

这时候孩子如果不是特别困，他一定会要求读完再睡，怎么办？那就要跟孩子商量，先睡觉，读书明天补上，因为健康比读书重要，让孩子知道变通的原因。经历过这样的事，当发生别的冲突，或者事情突然发生变化的时候，孩子也知道怎么去取舍和灵活变通。这其实就是在帮他学习如何适应变化。

第4章 每个孩子都是一座宝矿

每个孩子都是一粒种子，当我们以理解、鼓励、赏识和支持去浇灌，然后静静等待，才会发现这粒看似普通的种子居然能开出一树繁花，能长成一棵参天大树！

孩子的发展潜力到底有多大

如果说一个大班的孩子每分钟跳绳能达到 206 个，并且能一次不间断跳 2035 个，你是否相信呢？我在很多讲座上提到这个，大多数人都不相信。但这的确是真实的，因为这个孩子就是我儿子。

很多人都特别惊讶，问我到底是怎么教的。其实我并没有使用什么特别的方法，不过是在他对跳绳感兴趣的阶段帮他了解了跳绳的步骤，在掌握了基本方法后，我每天带他练习，养成了习惯，他自然就达到了。

其实，像这样的孩子，在我原来带的幼儿园里并非个例。中班的孩子跳绳平均每分钟 140 个，大班孩子达到了平均每分钟 160 个，有个别孩子还达到过每分钟 247 个。小班的孩子练习拍球，都能一次拍 200 个。有一次运动会上，一个孩子连续拍了 4000 多个，而且是双手换着拍，若不是老师叫停，他还能拍更多。当然，我不鼓励孩子一次拍这么多，但这个孩子的确是对拍球非常感兴趣，而且敢于挑战自己的极限。

因为热爱运动，我们幼儿园的孩子平均身高比别的幼儿园高一些。运动不仅锻炼了孩子的身体，也让他们变得更加自信。

我常跟家长和老师说，只要给孩子提供适宜的环境，再给予及时而正确的指导，每一个孩子都能展现想象不到的能力。运动方面，我自己身体力行，没多久，我就发现儿子在轮滑、羽毛球、篮球等多项运动上的表现都超过同龄孩子的水平，这还是在他体重偏重，我也不是专业运动人士的前提下。

很多家长跟我说，我很想让孩子爱上运动，可是我家孩子似乎真的没有运动天赋，做什么运动都做不好，也不愿坚持。我就把儿子的运动视频给他们看，并且说，你看，一个 3 岁体重达到 24 千克、怎么看都不像有运动潜质的孩子，尚且能够在运动上有不错的表现，又怎能轻易断定你的孩子没有运动天赋呢？

很多时候我们看待孩子的潜力，总是局限于眼前，当孩子没做到的时候，或者做得比别的孩子差的时候，我们自己先泄气了，然后找各种理由，认定孩子没有天赋。长此以往，即便孩子真有这方面的天赋，恐怕也会被埋没了吧！

不可否认，人类具有多元智能，每个孩子有自己的优势智能和弱势智能，这的确能帮助父母减少很多焦虑。但是如果我们能够明白孩子的优势智能和弱势智能是怎么形成的，并且知道这种优势和弱势是动态发展的，我们就知道如何去做，那么每一个孩子必定都会表现出潜在的优势。

到底如何做呢？

遗传因素我们无法改变，孩子出生之后影响他的变量只有一个，那就是环境。很明显，爱运动的家庭，孩子大概率也爱运动；父母热爱文艺的，孩子也常多才多艺。孩子总是受到家庭或者周围环境的正面影响而有更好的发展。因此，改变或者创设适合孩子发展的环境，是我们激发孩子潜能的最重要的环节，也是每一位父母、每一个家庭能够做到的。有时候，即便是不经意形成的家庭环境，也能对孩子产生巨大的影响。

我曾接触过一位一年级孩子的妈妈，她说自己的孩子是天才，要求跳级。她说，没人教过孩子语文、数学和英语，一年级开学的时候由于生病在家，他把新书的课后练习都做完了。这让她很震惊，她据此认定孩子是天才，要求直接上二年级。

我跟孩子聊天儿，发现他的表达能力确实很好，数学反应敏捷，阅读能力很强，英语说得也很快，就很好奇他的家庭环境。通过了解我发现，这个孩子在婴儿阶段有个非常棒的玩伴，就是他妈妈表姐家的孩子。这个女孩儿因为不想上学，就被送来他们家，希望这个妈妈能劝导她上学。在那段时间，她一直在学新概念英语，在跟孩子玩的时候，模拟上课的样子和孩子说英语。这位妈妈英语也不错，觉得孩子英语得从小学，所以每次跟孩子说完汉语后会再说一遍英语。她原本说话语速慢，但是刻意把语速加快了，理由是，为了让孩子将来生活在语速快的北方城市。结果，孩子后来语感特别好，说起英语来也很快。

这位妈妈的工作常常跟数据打交道，孩子大点儿的时候总爬到妈妈身边，看到表格之类就特别兴奋，妈妈也很有耐心，跟他讲表格是做什么用的。时间长了，这个孩子对数字特别敏感，喜欢玩一些数字游戏，这样数学方面的一些基础很早就打下了，一年级数学书上那些题对他来说就显得很简单了。

我跟她剖析了孩子现在为什么会表现得像天才，她才意识到，原来是过去几年的家庭环境，不知不觉让孩子有了很多学习的机会，并且持续地在影响孩子。她也认识到，孩子在运动方面就表现得差一些，因为他们家人都不爱运动，温度的变化还经常引发孩子感冒。

一个自然形成的良好环境，就能让孩子在多方面得到超常发展，更何况当我们去特意营造一个有利于孩子发展的环境呢？

从这个意义上讲，只有心灵空间小的父母，没有发展潜力小的孩子。每一个孩子都是智慧的精灵、运动的天才、神奇的艺术家。父母的职责就在于激发孩子的兴趣，滋润孩子的心灵，让孩子享受成长的乐趣。当父母不再成为孩子的天花板，而是成为孩子的支持者、孩子攀爬过程中的肩膀，我相信，每一个孩子都能迸发出令人吃惊的潜力。

说到孩子的潜能开发，有一个误区，就是很多人认为孩子的特长开发越早越好。但实际上，过早地培优是不利于孩子发展的。

一方面，孩子在6岁以前，大脑各个分区都处于优势竞争阶段。专注某一方面的培养，会让孩子在其他方面明显薄弱。例如，孩子在6岁以前只看动画片，当他大一点儿之后，视觉优势会明显，但阅读就很成问题。大量统计显示，很多孩子出现阅读障碍，与早期接触图画信息过多有直接关系。同样地，早期运动过多的孩子，认知方面往往会处于劣势。

因此，在6岁之前，我们建议孩子全面和谐发展，运动、阅读、音乐、绘画、交流等都要涉及。8岁左右通常可以看出孩子在某方面的特长，这时候再有重点地培优是比较合适的。当然，这个阶段也不能只是培优，其他领域也要同步发展。各领域的同步发展能够相互促进，对于孩子一生的发展都是有益的。

另外还需注意的一点是，孩子运动、艺术、语言的发展时间是不同的，如果过早培优，很容易导致家长只看到孩子某方面的优势，从而忽略了其他的优势。男孩儿和女孩儿的发展也不一样，同一性别的孩子，某方面优势出现的年龄段也不一样。如果把这段时间的差异看成是天赋已定，就会忽视孩子可能发展的优势。

生活中，我们看到太多的例子，孩子的时间表还没到，父母就给他贴上了标签，没有把更多的关注放在对孩子的鼓励、支持和理解上，孩子的潜力自然无法释放出来。

基因带给孩子的每一种智能都有巨大的潜力，只是发展有时，无论我们意识到或者没有意识到，它都在那儿。有时候我们只是看到起点，却没有看到发展的空间；有时候我们想象了巨大的发展空间，却不愿意去浇灌并等待它生根发芽。

当我们以理解、鼓励、赏识和支持去浇灌，然后静静等待，才会发现这粒看似普通的种子居然能开出一树繁花，能长成一棵参天大树！

亲子陪伴的金字塔模型

常有家长问我，我也知道陪伴孩子很重要，可是我没什么特长，除了陪孩子玩一会儿，实在是没什么可以帮孩子发展的，孩子也学不到什么，陪孩子到底要怎么陪呢？

孩子固然需要学习，但比学习更重要的是成长。教育的目的，是为了帮助孩子获得他的内在力量、内在成长，激发和引导孩子的自我发展。相比于学校教育，家长的陪伴其实天然就具备帮助孩子更好自我发展的优势。

一个孩子能够较好地自我发展，需要一些核心素养的支撑，包括健康的体魄、智慧的大脑，以及良好的品行等。这些也是孩子面对变化需要具备的重要能力。因此，我们在陪伴孩子的过程中，可以着力做好这三个方面。

健康的体魄

人生若没有健康做保证，任何梦想与成就都只能是妄谈。如此重要的基础，在今天恰恰被我们忽视了，大量孩子宅在家中，时间要么被学习占据，要么被屏幕消耗。缺乏体育运动、身体被禁锢的同时，孩子的心灵空间也变得狭小，身体健康和心理健康都处于被消磨的状态。

我们把教育聚焦在孩子学习更多知识的时候，却忘了孩子的成长是无法用分数来衡量的。卢梭在《爱弥儿》一书中说道："学生看不到教育的发生，却实实在在地影响着他们的心灵，帮助他们发挥了潜能，这才是天底下最好的教育。"我想父母的陪伴或许就是这样一种教育吧。

在陪伴之中，为什么我们首先要讲体育运动呢？因为它是健康最基本的保证，也是激发孩子潜能，帮助孩子更好地理解生命、获得成长的底层力量。

很多人常说四肢发达、头脑简单，其实这不过是在过去的年代，体育运动与科学、营养脱节导致的偏见。相反，我们看到，在世界顶尖名校录取的新生中，绝大多数学生都有着丰富的体育运动训练经验。运动不仅赋予孩子健康的体魄，激发学习的热情，也帮孩子建立规则意识，以及如何正确地面对失败，从而形成更完整的人格。

怎么帮孩子爱上运动呢？首先父母要热爱运动，或者至少能够把孩子带到运动的环境中，并且帮孩子建立运动的习惯。一个孩子从接触运动到形成习惯，大致需要经历四个阶段：锻炼基本体能、掌握运动技能、形成运动爱好、形成运动习惯。

任何一项运动都需要基本体能支撑，很多孩子不爱运动，就是因为体能差。比如很多孩子其实是想踢球的，但是刚跑一会儿就跑不动了，因为体能跟不上，身体太难受，下次就不愿意踢了。这个时候就需要帮他提升体能，比如可以练习跑步，从跑 200 米开始，通过一段时间的练习，可能跑 2000 米也不会觉得那么累了，再踢球时，感觉就会不一样。有了信心，一切才能开始。

当孩子做某项运动时，他一定会试图掌握其中的运动技能，这个时候需要父母提供一定的指导。大多数父母会直接请教练来做指导，我建议在早期由父母来用心陪伴，你只要能和孩子多加练习，你的“野路子”也能陪伴出比教练教得还好的运动小达人。学习运动技能能让孩子享受其中，技能带来的变化会让他对这项运动更加感兴趣，这又保证了孩子可以坚持下去，形成运动习惯。这是一个循序渐进的过程，对孩子而言也是一种特别美好的体验。当他在某项运动上不断取得进步和突破时，也能够很轻松地将这种能力（包括面对挫折和挑战的能力）运用在新的运动上。很多孩子在多项运动上都有很好的表现，再接触新的运动时也会进步很快，就是这个道理。

运动对大脑的刺激，以及提供的能量、热情和动机，还能帮助孩子提升学习力，对此，哈佛大学教授约翰·瑞迪在他的《运动改造大脑》一书中有科学的分析。孩子对自己身体的掌控感和在运动中获得的成就感，也让他在课堂学习中变得更加自信，这是毫无疑问的。

智慧的大脑

在健康的体魄之上，我们还需要塑造智慧的大脑。智慧是什么？有人觉得是掌握很多很多知识。因此，有的父母希望自己的小孩儿是一个有智慧的人，如何做呢？就是往他脑子里装更多的知识。如果一个小孩在四五岁时认识两千个字，能背诵《三字经》《千字文》，就会被认为很聪明。其实这是一种错误的认识。这就像往一台电脑的硬盘上多储存一些数据而已，并不能让电脑运行更快，或者更能解决问题。

不是说知识不重要，只是知识并不等同于智慧，智慧是人对已经掌握的知识的运用能力。知识只是一种工具，你可以源源不断地去获取，但是智慧却可以让我们自如地运用一切。可以说，成长其实就是不断使用我们所接收到的一切知识，去形成和丰富智慧的过程。

怎么帮孩子塑造智慧的大脑呢？大体来说需要九大核心能力准备，分别是注意力、观察力、记忆力、自控力、阅读力、想象力、表达力、思维力和抗挫力。其中最基础的一种能力是注意力。注意力可以说是智慧的门户，注意力缺失会导致孩子的很多潜能发挥不出来，其他能力也无从谈起，整体能力就很难建构。

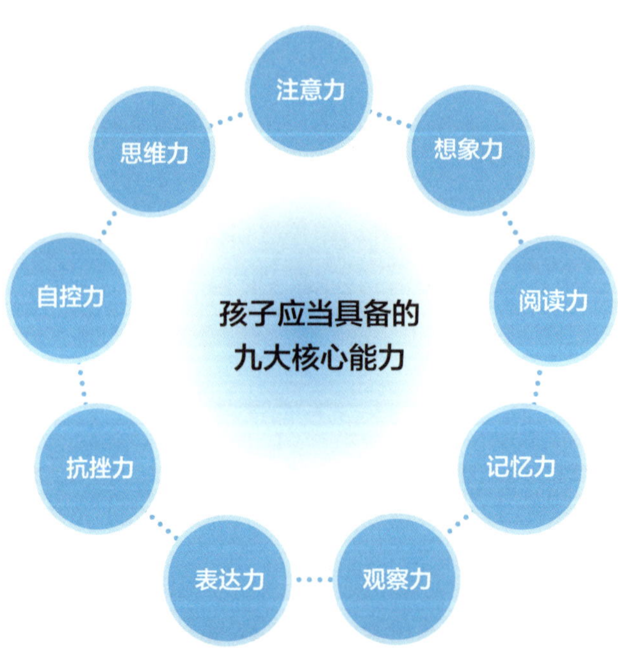

很多父母认为孩子注意力差，上课不认真听讲，作业马虎，于是不停地去提醒、纠正。其实孩子天生是有注意力的，你会发现一个孩子玩他喜欢的积木能长达 1 小时而不被周围的环境干扰。为什么一到学习上注意力就变差了呢？这往往是因为我们采用了批评的方式，没有为孩子搭建注意力的提升阶梯。

我做班主任的时候，班里有个孩子特别聪明，但是所有的老师都反映这个孩子注意力很差，坐不住。我跟这个孩子聊过，发现他从上学时就被老师夸很聪明，但就是坐不住，然后一直被批评，总是在课上被老师点名要认真听讲。这个孩子因为总被批评，就不爱学习了，心思根本就不在学习上，更没办法集中注意力。到这个阶段，他的注意力已经很难再提升了。

孩子的能力发展是有窗口期的，通常来说，年龄越小，发展的空间越大，特别是注意力，早期培养更容易，效果更好。随着年龄的增长，孩子的自我效能感变差，加上外部干扰更多，培养起来就会比较难。

注意力差的孩子，需要花更多的时间去获取信息，而早期注意力建立较好的孩了，则会把更多的时间放在他所获取的信息上，因而更容易深入学习之中，学习更有效率。所以我们会发现，注意力好的孩子，其他方面的能力很容易提升。

良好的品格

一个人有健康的体魄、智慧的大脑，却没有良好的品格，也是很难称为优秀的。品格可以弥补能力的缺陷，而能力却难以掩盖品格的缺陷。有良好品格的引领，人生才不会偏航。

良好的品格包含很多，可以大体分为学习性品格和社会性品格，前者包括耐心、责任、专注、好奇等，后者包括如爱心、感恩、自信、勇敢等。

孩子养成良好的品格，首先来自榜样的示范。托尔斯泰有句名言：“全部教育，或者说千分之九百九十九的教育都归结到榜样上，归结到父母自己生活的端正和完善上。”

家长是孩子一生的影响者，这种影响首先来自父母的语言。孩子与父母朝夕相处，父母的思想不自觉地会化作语言，最终影响孩子的品格。正如撒切尔夫人这段精辟的阐述：注意你的思想，因为它将变成言辞；注意你的言辞，因为它将变成行动；注意你的行动，因为它将变成习惯；注意你的习惯，因为它将变成性格；注意你的性格，因为它将决定你的命运。

很多家长自己贪图安逸，比如看着电视、玩着游戏，却督促孩子认真学习，怪不得孩子会有强烈的逆反。自己都做不到的事情，怎么能强迫孩子做到呢？只有自己积极进取，有良好的生活习惯，孩子才能热爱学习，才能合理安排自己的时间。

增加直接感受也能帮孩子建立良好的品格。比如引导孩子做家务，他会慢慢感受到责任；鼓励孩子尝试照顾弟弟妹妹，他会认识到自己原来也是这么被照顾长大的，自然就能有爱心。

品格的建立还可以通过间接学习习得。比如通过阅读绘本故事，讲述画面感较强的故事，帮孩子去体会和领悟品格的内涵。我曾创作过一本绘本《小鸭子寻友记》：一只孤独的小鸭子很想找到朋友，在找朋友的过程中，它总是很挑剔，所以小动物们都不愿跟它做朋友。看着别的小动物能很开心地交到朋友，小鸭子又羡慕又难过，它终于意识到自己的挑剔是不对的，于是开始学着欣赏他人，最后小鸭子很快就交到了朋友。

通过小鸭子的经历，孩子就能明白，主动欣赏会赢得被欣赏，理解别人也会换来被理解。通过小鸭子找朋友过程中的反思，孩子既看到了交往的形成过程，也认识到懂得欣赏和赞美是多么重要。

我特别认同著名作家高尔基说过的一句话：“理想的人是品德、健康、才能三位一体的人。”当心灵、身体和头脑都全力以赴，并向着正确方向的时候，孩子就是在向着他应当去往的方向奔赴，他的全部潜力也会支持他取得一个又一个突破。而这一切的初始，都指向我们用心的陪伴！

如何成为运动小达人

看北京冬奥会，身边很多人惊叹于运动员那些花样百出的动作，大呼天赋，然而在那么多运动员之中，真正具有天赋的能有几位呢？我特意查了一下获得冠军的运动员背景，勉强可以称为具有天赋的也是凤毛麟角。即便是谷爱凌这样顶尖的选手，也都是早期接触运动，并经过长年累月的训练，才有今天令人瞩目的成就。

奥运冠军尚且如此，更何况普通孩子。若以天赋来论是否适合运动，恐怕对孩子的发展很不利。一个孩子想要爱上运动，甚至在运动方面有出众的表现，完全取决于父母对于运动的认识，以及提供的支持。

我儿子出生时体重大，所有人都觉得这孩子是个小胖墩儿，没有运动天赋。体重也确实给他小时候的运动造成了困扰，他到四岁的时候还不会单脚跳，爬小山坡都要手脚并用才能爬上去。而且特别怕水，每次我带他去海边，只要水没过脚面，他都哭喊着要回去。然而就是这样一个孩子，在9岁时已经至少拥有了篮球、羽毛球、跳绳、轮滑、柔术、马术、乒乓球、滑雪、游泳等九项运动特长。其中，羽毛球、轮滑、游泳几项的水平测试已经超越绝大多数同龄人。而这一切，都是我带领孩子在日常生活中练习达到的。

我是怎么做到的呢？这得益于我在陪伴他的过程中自己摸索的一套模

型。这套模型包含六步，不仅对运动有效，也适用于其他能力与品格的养成。我管它叫“能力、品格塑造六步法”。

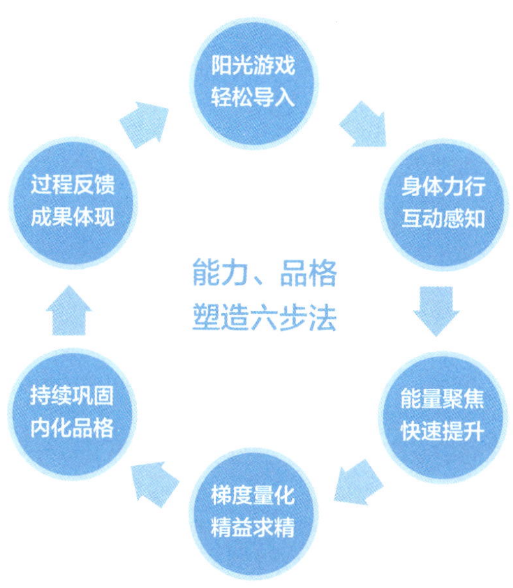

第一步：阳光游戏，轻松导入

任何运动，首先必须激发孩子的兴趣，营造一个与孩子互动的良好氛围。事实上，研究那些取得辉煌成就的运动员如何接触运动、爱上运动，也能发现这样一条规律。那么，孩子的兴趣怎么激发？又是从哪里来的呢？答案就是，要有一个好的开始。

对于一开始感觉没兴趣，不主动参与运动的孩子，家长可以采取一个很有效的方法——欲擒故纵。家长自己先玩，不主动邀请孩子参与，孩子看着觉得有趣，慢慢就会要求参与进来。对于小一点儿的孩子，先不要演示如何运动，可以先纯粹地玩，比如和孩子互抛篮球，拍球玩，带着孩子一起跳绳，让孩子坐在救生圈里，自己在身边潜水玩，等等。通过游戏的方式，将孩子带入运动场景中，把“要我做”变成“我想做”，孩子的运动就在不知不觉中开启了。

第二步：身体力行，互动感知

示范是运动教学中很重要的一步，但是，示范往往会让孩子抗拒接下来的运动，因为他会觉得很难。我带儿子打羽毛球的时候就发现，有个男孩儿第一次来球场，看到别人打羽毛球，感到特别神奇。上体验课时，教练给他示范标准动作，这个孩子有畏难情绪，好不容易熬到下课，之后再也没见他来过，孩子明显是被标准动作吓倒了。

因此，第一步先不要做规范动作，而是适时做错，孩子看到你也出错，会觉得很有趣，而且这会让孩子感受到出错是正常的，心想我也能做好，他就愿意去做了。比如我一开始带领儿子学习打篮球时，先演示拍篮球，总是没拍几个球就掉了，他就觉得挺好玩，也想拍球，他一连拍了好几个都没掉，就特别自豪，每天都要拍。学游泳的时候，我总是游几下就失去平衡要往下沉，感觉要呛水，他就说爸爸看我，结果他游得特起劲儿。学跳绳的时候，他说太难了，学不会，我跳的时候总是故意把跳绳甩到脖子上，经过不断练习，我最后终于“跳好了”。他一看，原来大人也这样笨拙啊，要不断地练习才能跳好，这样一想，他自己练习起来也就不急躁了。

这样的互动，带给孩子的是“你行我也行”的感觉，孩子不会被困难吓倒，就愿意进入运动中来。因为看到了练习可以带来进步，孩子会对接下来的练习充满期待。

这个互动的过程，我们在回家后可以与家人分享，孩子听到你讲述整个过程，觉得很有成就感，于是他也会积极参与这场分享会。当孩子觉得任何事一开始做不到都是正常的，就会有足够的安全感和勇气去尝试这项运动，并且逐渐对自己有要求，想要做得更标准。

第三步：能量聚焦，快速提升

一旦孩子愿意开始学习标准动作，就需要进行大量练习。这个阶段很关键，它是让孩子从不熟练到熟练再到精通最有效的方法。

快速掌握技能，对孩子来说是一个巨大的变化，这个变化会给孩子带来成就感，他的兴趣也会得到极大提升，进而将兴趣转化成动机。孩子也正是在这个阶段打下良好的运动基础。

这个阶段的运动频次很重要，一周一次运动是很难让孩子有所提升的，也很难形成兴趣。比如篮球、乒乓球，可以每天打，游泳最好也能每天都游，或者至少一周三次，可以根据周边设施灵活安排。密集的练习会让孩子在这项运动上变得擅长，更容易保持兴趣，甚至变成内在动力，主动去琢磨技巧，这样就进步得更快了。

在这个阶段，也需要给孩子提供一些榜样，比如给他看这项运动的知名运动员的比赛视频，看看他们是怎么训练的，讲讲这些榜样人物的故事，孩子就更能坚持。

第四步：梯度量化，精益求精

当孩子动作标准，接近精通，自然会生出对自己的欣赏，也期待父母欣赏他。父母在欣赏孩子的同时，可以帮他回顾，他是怎么从不敢做、不会做，到会做，再到高水平的过程，让孩子明白任何成长都有一个梯度过程，知道前期的努力和汗水是值得的。这样的体验多了，孩子会对坚持、对出错有更正确的认识，对从不会到熟练到精通的路径更清晰。

这种高标准和精通带来的体验和认识，也会成为孩子内在的宝贵品质，他会将这些品质迁移到对其他事物的学习上。因此我们常常看到，那些运动能力超强的孩子，在学习上也有很强的动力和韧性，更能够主动去精益求精。

第五步：持续巩固，内化品格

如果要培养孩子多项运动爱好，可以在遵循前面流程的基础上，合理安排频次。比如，跳绳跳到每分钟 180 次，或者已经精通花样跳绳时，就可以从每天一次减到一周两次，持续巩固，然后把时间交给下一项运动，比如篮球练习。篮球练习一开始遵循前面四步，每天都安排练习，穿插低频次的跳绳练习，当能进行花样拍球和上篮时，改为一周两次，然后再增加新的运动项目。

通过这种集中练习、快速提升、持续巩固的过程，一个普通孩子三四年学会五六种运动（精通其中一两种）是没有任何问题的。

第六步：过程反馈，成果体现

当孩子掌握了一项运动时，可以给孩子展示的机会，让他看到成果。比如展示给朋友看，或者是适当参加比赛，这会极大地提升孩子的被认同感，也可以增强孩子的自我认同感和自信心。

我儿子上幼儿园的时候跳绳速度已经比较快了，大班时跳绳能轻松达到每分钟 180 个以上。我问他，你猜猜六年级跳绳多少个以上是满分，他问是不是要 200 个？我说是 147 个，他特别惊讶。我说你现在才大班，已经达到六年级孩子满分的水平了，你过去两年坚持练习，进步可真快！他特别自豪。

每次幼儿园有活动时，我都会鼓励他跳一段，因为跳得又快又好，很多家长都问他是怎么做到的，他会说因为努力，因为坚持。他也会把自己在某一方面不如别人的地方，归因为练习不如人家多。因为当他运动受到周围人称赞的时候，我一直都在说他特别能坚持，他也形成了正确的归因意识。展示运动能力的过程，其实也是在内化孩子的品格。

相比于其他“特长”项目，早期运动可能是金钱投入最少，却又能极大地促进孩子健康，丰盈孩子内心，帮助他形成优秀品格的项目。在运动中，孩子学会了怎样使用自己的身体，明白了身体与周围事物的关系，将自己与世界形成深刻的联系。自主地支配身体，也让孩子的头脑和判断力与身体同步强健起来，理性与活力兼备。

在陪伴运动的过程中，我们真切地看到孩子一步步成长，孩子也能细腻地感受到你对他的关爱与支持。这种无声的滋润，必将成为他未来面对困难和挑战时战无不胜的勇气之源！

孩子的注意力到底有多长时间

近20年来，我问过许许多多的家长和教育工作者："3～4岁的孩子，注意力是多长时间？"家长的回答大多数是2～3分钟或5～10分钟，少数会回答20分钟以内，极个别认为能达到30分钟以上。

注意力是很多父母经常谈论的话题，也会有很多孩子被贴上"注意力不集中"的标签，可是如果我们自己都没有一个统一而明确的认识，又怎么能更好地帮助孩子呢？为什么一定要搞清楚这个问题？因为不同的认知会带来不同的教育行为，不同的教育行为又会导致不同的教育结果。比如认为注意力是2～3分钟，那么安排的活动更多的就是这样的时长；如果认为注意力是25分钟，那么就会设计出让孩子能够参与超过20分钟的活动。

如果我们回想一下，孩子看《海底总动员》的时间是多长？孩子用彩泥作画的时间是多长？可能你会说："哇哦，1小时，不对，2小时。"甚至还会说："一直看，看1天。"这，难道不是注意力吗？有的家长可能会有点儿困惑。那么孩子的注意力时间到底有多长呢？经过多年的论证，我发现一个秘密：孩子注意力有多长时间，主要看心情。

谈到注意力，我们首先必须明确一个概念，注意包括有意注意、无意注意和有意后注意三种，它们都是我们采集信息和进行学习的重要方式。

通常所说的注意力多长时间指的是有意注意，它需要意志力的努力参与。而像看动画片能看很长时间指的则是有意后注意，不需要意志力的更多参与。无意注意则是指没有预定目的、不需要意志力努力、不由自主地对一定事物所产生的注意。例如，你正在听讲，教室的门突然被人打开，“砰”的一声，你不由自主看了一眼，这就是无意注意。

我们都知道孩子的注意力是需要被吸引的，但是很多时候我们与孩子的互动没有足够的吸引力。当孩子不关注了，不想参与了，我们就开始责怪孩子注意力不集中。换句话说，我们都知道有意后注意是需要条件的，即要能引起兴趣，可是我们却寄希望于孩子有足够的意志力水平来应对枯燥乏味的互动。从这一点来说，孩子的注意力到底有多长时间，真的是要看心情。

为什么我们明明知道很多孩子的注意力集中时间可以超过 1 小时，可是却总说只有 5 ~ 15 分钟呢？究其原因，是家长和老师没有更好的办法吸引孩子的注意力达到这个水平，孩子很少能按照我们的意愿呈现相应的注意力水平。换句话说，我们缺少这方面的能力。当我们无法让孩子按照我们的意愿去专注于某件事情的时候，我们会有挫败感，会有压力。人在有压力和挫败感的时候，会有两种转化方式：内归因和外归因。内归因有助于问题的解决，但是要承受压力，这往往是很多人不希望有的感觉。所以更多的人采用外归因，即认为孩子的发展还不到时候，或者说这个孩子有多动症，甚至还会给予脑科学理论的支持。这样无助于问题的解决，却能缓解家长和老师的压力、无助和无能感。

宁可认为孩子的注意力时间只有 5 ~ 15 分钟，也不愿去思考如何优化自己的教育方式，这样的结果就是，所有的人都在逃避责任，都在原谅自己，都在责备孩子。

回到一开始的问题：为什么孩子学习的时候总是注意力不集中或者只有短短几分钟，而看动画片、玩游戏时注意力却能集中较长时间呢？原因在于，游戏和动画片的设计充分考虑了孩子的需求，所以孩子被吸引了。而家长和孩子在一起的时候，或者孩子学习的时候，互动模式过于简单。出现问题时，家长往往不是想着如何更好地引导，更多的是要求、命令、说教，甚至是批评、指责和嘲讽。当家长表现得像个超人，像个唐僧，像个批评专家，孩子自然觉得无趣，也就不愿意配合家长的指令。孩子表现出的各种行为，就会让家长认为是注意力不集中甚至怀疑是多动症。这种注意力不集中，恰恰是孩子在用一种委婉的方式告诉我们该换换教育方式了。

很多家长和老师经常问我这样一个问题：陈老师，为什么你的孩子和你培训过的幼儿园的孩子能够记住这么多内容，但是却没有明显的教过的痕迹？做到这一点，是因为我利用好了孩子身上的一个宝藏——无意注意。无意注意伴随人的一生，在 0 ~ 6 岁更加突出。恰恰是注意力的快速分配，才让孩子在短短的两三年里学会了各个领域的本领，成长速度远超成年人。正是根据无意注意的特点，我们有目标地设计了一种特别的教育方式，叫作“潜课程”，通过润物无声的方式，让孩子通过无意注意学会了很多东西。

这里我想特别提到的一点是，让孩子自发地集中有意注意力，本身就是违反人的生理机制的。控制注意力的人类大脑的前额叶，在接近 20 岁时才成熟。这真是一种巧妙的设计，因为青少年这个阶段的学习才需要具备高度注意力。而孩子阶段注意力的快速分配，则能帮他在很短时间内采集大量信息。从这一点来说，我们也不应当强求孩子集中和长时间保持注意力。

那么，对孩子来说，在遵循成长规律的前提下，如何才能让注意力得到更好的发挥呢？我认为，可以从内外两方面提供帮助。

外在方面包括三点：减少外源性干扰，营造有利于注意力集中的环境，做好注意力集中的榜样示范。

外源性干扰非常普遍。孩子在自主活动时，父母总是容易去打扰孩子。比如孩子正专心地玩积木，父母觉得孩子该喝水了，就给他拿水或一遍遍催促他去喝水，这就很难让孩子专注。如果有必要打断，可以采用引导的方式，而不是用额外的信息去干扰。

干扰因素过多的环境，是很难让孩子集中注意力的。比如看绘本的时候，旁边有各种玩具，孩子可能刚看几页就被玩具吸引了。我带儿子在小区里打篮球，他就不容易集中注意力，因为旁边有很多孩子在做游戏，他总想看几眼。后来我就带他去篮球馆，他打球时注意力明显集中了很多。营造有利于注意力集中的环境，首先需要父母有这样的意识。

父母的榜样示范也很重要。有一段时间，我希望孩子能专心看书，就在他面前自己先看。孩子先是过来要求一起玩，我告诉他，我在集中注意力看书呢，等我看完再一起玩好吗？他就继续自己玩积木。过了一会儿，他实在无聊了，就过来坐在我旁边开始看书。又过了一会儿，我说，我的书看完了，你看得可真专心。他没理我，继续看。看完之后，我问他，你看的是什么呀？他就跟我讲那些图画讲的是个什么故事。慢慢地，他爱上了看书，而且看起书来特别专注。

内在方面包括两点：提升专注的内驱力，及时转化情绪。

既然孩子玩游戏时很专注，我们当然也可以向游戏设计者学习。游戏之所以能够吸引孩子专注，是因为游戏有明确的目标，并设置了与孩子能力相匹配的难度，然后使用小步骤阶梯化来接近目标，再根据孩子当时的状态调整难度，让孩子逐步走向成功。

小步骤阶梯化是非常关键且好用的方式。给大家讲一个钟表的故事。有一天，老钟对小钟说：“你一年要摆31536000下。”小钟说：“我怎么可能完成？”老钟说：“你只需一秒摆一下，每一秒坚持下来就行。”小钟想着：一秒摆一下，我只要一秒一秒地坚持就行了。一年过去了，小钟真的摆了31536000下！一个大目标，如果不分解成多个阶段性小目标，是很容易把人吓倒的，更别说是孩子了。在实现小目标的过程中，再及时给予反馈与鼓励，孩子在专注眼前的每一步时，不知不觉就接近了最终目标。

专注力与孩子当时的感受息息相关。当孩子出现负面情绪，你怎么引导他都无法专注时，就需要及时转化孩子的负面情绪。比如孩子作业多的时候，会感觉有压力，不知所措，很难专注做每一道题。这时候就可以帮助他分解一下任务，比如每15分钟做几道题。过程中如果孩子又出现消极情绪，我们可以先肯定之前15分钟取得的成绩，以及他的坚持和努力，然后停下来放松放松，调整好之后再继续。孩子有了小小的成就感，感受良好，就能继续坚持，注意力自然就集中了。

孩子学钢琴怎么坚持下来

小萱五岁了，妈妈看班里的小朋友有好几个都在学钢琴，就带她去钢琴班体验了一下。小萱见到钢琴特别开心，一直在上面按，还反反复复比较不同的键发出的声音。老师对妈妈说，这孩子一看就喜欢钢琴，肯定能弹好。妈妈也觉得是这样，但是还想考虑一下。离开的时候，小萱还在“弹”，不愿走，还央求妈妈说要来学钢琴，于是妈妈就交了钱。然而，才学了三次，小萱就再也不想去了。

因为儿子学钢琴，我见识了太多这样的情景。有的家庭甚至刚买了钢琴，就变成了寂寞的摆设。家长只能感慨一句：孩子果然像我，没有艺术细胞。

对孩子来说，学习一项新技能当然没有那么容易，孩子能不能喜欢、能不能坚持，还在于父母如何去引导和带领。其中最重要的一点是，在开始阶段要让孩子有好的感受。

我给大家分享一下我们家在孩子学钢琴方面经历的一些波折。

我妻子小时候学过钢琴，考级之后就很少弹，上了大学再也没有弹过钢琴。怀孕的时候，她做胎教都是听音乐，自己从来不弹琴。我劝她自己弹，这样肢体的运动、大脑的参与都对胎儿有利。她一听我说钢琴，立即非常严肃地对我伸出手掌阻止说："以后不要在我面前提钢琴两个字。"我知道她从小到大都是被逼着学钢琴的，老师非常严厉，还动不动就打学生，好不容易等到上大学才摆脱，所以她直到现在都不喜欢钢琴，但我还是觉得这个结是能打开的。于是在她心情好的时候，我找机会跟她描绘一家人弹着琴、沉浸在音乐中的美好景象。但她每一次都打断我的话，不让我提起，甚至有几次哭着让我不要再让她弹琴。直到怀孕八九个月的时候，我见她心情非常好，又提到弹琴。令我意外的是，她这次没阻止，只是要求买一台电钢琴，说原来的钢琴弹着没意思。但是新钢琴她弹了三次就再也不弹了，我也就死心了。孩子出生后，有时候我播放钢琴音乐，她都很反对，我能够感觉到她内心的挣扎。

到了孩子5岁的时候，我跟她说，孩子音乐敏感期错过了，往后再学的话效能就低了，要不试试开始教他吧。在我的劝说下，她尽管抗拒，但还是认同了，只是提了一个条件，给她买一台真正的钢琴。我问为什么又要换，她说那台电钢琴不是真正的钢琴，原来的那台又带给她很不好的感受。我知道，她其实是在找理由回避，最终她还是自己选了一台，但这一回她又是只弹了几次就不弹了。我一提起来，她就认为我又在逼她。

我想，6年时间我都没能说服她，要不就断了让孩子学钢琴的念头吧。我就给琴行打电话，说要卖了钢琴。对方说卖二手钢琴损失不少呢。我仍然要卖掉，但其实心里还是存有一丝幻想的。这时候她忽然哭了，说别卖了。我说我们家条件还没达到要放一台钢琴当摆设的程度。她说别卖了，我弹。就这样，儿子终于开始了钢琴学习。

然而，这也成为另一场"灾难"的开始。在教到第三次时，房间里开始充满训斥，接下来一段时间，一开始弹琴，孩子就哭。我很担心再这样下去，儿子又像她过去一样讨厌钢琴。但是劝说都没用，我就想转化他们的情绪。怎么做呢？我学着美食节目里的方法给他们做水果拼盘，把她喜欢的茶倒好，只要一听到孩子开始有抽泣的声音，就推门进去。看到我端着水果，她缓和了一点儿。我拿起一块水果喂到她嘴里，又摸摸她的背说："亲爱的，你太不容易了，太辛苦了，歇会儿吧！"

这时儿子一直在抽泣，我又对儿子说："爸爸为你点赞！"他抽泣着问："为什么给我点赞？"我说："妈妈那样训斥你了，你还能坐在这儿弹琴，你太厉害了！"儿子抹了一把眼泪说："严师出高徒嘛！"我说："爸爸请教你一个问题，为什么妈妈批评你，你这么难过还能坐着弹琴，要是爸爸早就不干了，你是怎么做到的？"他仰着脸回答："因为我是能坚持的男子汉！"我又问他："需不需要爸爸坐在这里陪你和妈妈？"他摆摆手说："不用。"我又问："妈妈再训斥你，你还能坚持吗？"他点点头说："能！"

等他们练习完，心情平静了，我问儿子："为什么妈妈会大声批评你？"他说："因为我弹得不好。"我分析道："没有谁一开始就能弹好，大家都会出错。妈妈生气，是因为妈妈陪你弹琴时，什么也做不了。你刚开始学的这些对妈妈来说，都经历过了，她也学不了新东西，加上你态度不端正，妈妈就更急了。因为你，她花了那么多时间。你有没有办法让妈妈开心呢？"他说："我态度要认真，妈妈批评我的时候，生气了，我就亲亲妈妈。"

然后我又做妻子的工作，每次在进入琴房之前，我都会对她比个手势说："要和谐哦！"又对儿子说一遍。儿子每次都会说："放心吧，爸爸！"如果还听到有声音变化，我就再进去调节他们的情绪。

在这个过程中，妻子逐渐摆脱了过去学钢琴时埋下的积怨，孩子也对畏难情绪有了一定的体验和理解。经过一段时间的磨合，家庭钢琴课总算是步入了正轨。

其实，上面所有经历的一切，正是我们前面提到过的能力、品格塑造六步法中的第一步——阳光游戏，轻松导入。当一个人有了好的感受，才能做得好，无论是对妻子的鼓励和安慰，还是对孩子的赞美，都是在帮他们更好、更轻松地进入学习。

为了增加乐趣，调节气氛，有时候我也会坐下来弹一弹。孩子看我手型不对，乐得哈哈笑，我又趁机夸赞孩子弹琴时手型好看，孩子更是乐不可支。妻子也会讲自己在弹琴过程中哪里容易出错，并给孩子示范，孩子对弹琴就更有热情了。

一开始，孩子每天也就弹十几分钟。我会拍下他神情专注、手型优美的一段，与人分享，并夸奖孩子。他下次再弹的时候就会很专注，并且能坚持到 20 分钟。两三个月之后能坚持到 30 分钟以上了。我一赞扬，他说明天要挑战 1 小时，并且真的做到了。为此我们还为他做了一个小小的庆祝活动。他在 5 岁 7 个月的时候做到了一次弹 3 小时。我想如果我们采用的是要求、命令的方式让他坚持更长时间，他一定会反抗的。大多数孩子不能坚持，原因就在这里。

而且在这个阶段，不断地有集中练习，保证有一首拿手的曲子，这让他对新的曲子充满信心。我告诉他钢琴是让自己变得更好，更享受生活，所以没有安排他去考级。

同期开始学习的孩子，已经陆续放弃了，还在坚持的也明显跟不上他的进度。我问他："你觉得你为什么能弹得这么好？"他说："因为我专注，我坚持。"我又给他看一些弹得比他好的孩子的视频，问他："你觉得他们为什么弹得这么好？"他看了看说："因为他们弹的时间比我长。"

后来妻子又跟他讲一些钢琴家的故事，更让他坚信，要想弹好，就得投入更多的时间。等到 6 岁以后，他就能做到一天弹 8 小时了。这真的是一个能量聚集、快速提升的阶段。

随着孩子水平不断提升，我们也有意识地带孩子去看一些音乐会，参加一些比赛，希望孩子能够见到更优秀的人。因为获奖，他还得到了一些专家的指导。有一次，我当着孩子的面问一位知名钢琴家，小时候弹琴多长时间，他说幼儿园时每天 3 ~ 5 小时，小学每天 8 小时，初中每天 15 小时以上。儿子听了非常惊讶。我告诉他，天赋谁都有，比的是谁更能坚持。我想当孩子知道这些，内心是有力量的，踏实的，有方向的。

在学习之余，妻子还经常找一些钢琴家最新的演出视频观看，或者找由大师演奏的最近孩子正在练习的曲目，驱动孩子向大师学习的热情。

为了让孩子一直保持自信心，我们还有个小小的妙招，就是保证有 5 ~ 7 首保留曲目，并根据日常练习的曲目随时调整。这样在有活动时，或者家里来了客人，或者外出有机会弹琴时，弹这样的曲目，孩子的表现欲能够得到极大提升，信心也特别足。

当然，为了全面均衡发展，钢琴练习平时并没有占用太多时间，一般在 1 ~ 2 小时，周末可以弹 3 小时，保持了稳步提升，又不太累。

学琴两年后，他第一次参加比赛就获奖了。有一次获奖后还被选中和一位知名钢琴家四手联弹。一个非专业老师培养的孩子，能够从专业老师带领的孩子中脱颖而出，这给了他极大的鼓励。那次回家后，他说了一句很有意思的话："爸爸，我觉得现在的我已经不是我了。"我很惊讶地问他什么意思，他说："以前的我不会弹琴，现在的我才会弹琴，我也想成为一名钢琴家。"我知道以他学琴开始的年龄和练习程度，成为钢琴家相当困难，但是孩子所表现出来的渴望，深深地感染了我。

成果反馈带给孩子内在动机的激发是强烈的，我想这或许让他的内心有了一个声音：之前所有的付出都是值得的。我相信他对努力、专注这些品格的认知也会加深，进而成为他成长道路上非常宝贵的财富，无论他是否在钢琴上有所成就。

那么，为什么很多孩子学钢琴几次之后就再也不想学了？而有的孩子坚持好几年，最后还是放弃了呢？反思儿子的成长之路，以及亲见的身边孩子的学习过程，我总结了学钢琴不能坚持下来的六个原因。

1. 没有美好的开始，感受差，放弃是必然的。

2. 孩子有畏难情绪的时候，没有采取有效的方式支持孩子，而是指责、逼迫，让孩子很反感。

3. 时间不够，比如一周一次、一次一小时，回家后没有好的方法让孩子练习。有效练习时间太短，长期下来学习没有成效，没有成功的体验感，觉得无趣。

4. 在反复练习的枯燥期，家长没有创造氛围，给予更多的滋润，帮孩子度过这个阶段。没有创造环境让孩子感知音乐的美，孩子不知道为何这么枯燥还要学。

5. 很多家长比较功利化，围绕考级去学，培训机构或者老师也这样满足家长的功利心，总是练习单一曲目，即使考过了十级，还是不能独立演奏，体验不到音乐的美和弹琴的乐趣。评价孩子的时候也总是看孩子过了几级。

6. 归因错误。明明是孩子努力的结果，却总是夸奖孩子的天赋，这让孩子没有价值感，也容易让孩子骄傲。孩子一旦遭遇打击就想放弃，而且自己内心没有努力的方向。

以我 20 多年的教育观察，几乎没有哪个孩子天生不爱音乐，但不用父母逼就能自觉勤学苦练的孩子，真的是少之又少。不付出时间，在音乐上是很难有所成就的，其他艺术类的学习也是同样的道理。

最后，我想引用一段话来结束本节：

从前有10个孩子，

只有1个对音乐不感兴趣；

有1个，刚学五线谱就被困难吓得放弃了；

有1个，奶奶觉得孩子太小了，不该剥夺他快乐的童年；

有1个，妈妈心疼宝贝儿每天都要坐在琴凳上练习；

有1个，父母觉得学琴在短期内看不到成效，反而增加了家庭的额外开支；

有1个，父母做不到风雨无阻接送；

有1个，没有找到合适的老师；

有1个，遇到瓶颈就不愿继续学习了。

最后，只有1个孩子坚持了下来。

于是，大家开始羡慕这个孩子，说这个孩子有天赋，爱学习，有涵养，琴弹得好，歌唱得好，却不知这个孩子和他的家长在背后付出了多少。

时间会证明，你的孩子正在慢慢与同龄人拉开差距，因为你的选择与坚持，使你的孩子与众不同。

如何让孩子爱学习、学得好

经常有父母问我，孩子不爱学习怎么办？其实，即便有很多所谓的方法，如果父母不能在生活中的一些细节上去观察，不善于从孩子的兴趣点去引导他，只是一味地使用方法、技巧，也是很难见效的。

孩子都是天生热爱学习和探索的，恰恰是老师或者家长与孩子的互动模式有问题，让孩子对学习没有兴趣，或者慢慢失去了兴趣。比如学历史变成了事件线索的机械记忆，孩子感受不到历史故事的趣味性、深刻性；学地理死记硬背，感受不到自然的神奇和地理之美……孩子感受不到学科学习与日常生活的关系，眼前和脑子里全是知识点，那当然无法引起他的学习兴趣。

我儿子刚上学的时候有一阵子迷上了三国故事，先是看动画版《三国演义》，我见他非常痴迷，就在他每次看过之后跟他探讨一些问题。

比如，我会问他：赵子龙手上拿的金光闪闪的枪叫什么？为什么这么厉害？关羽骑的马日行千里，叫什么马？……他就很有兴致地跟我讲。有时候他也会提出一些问题，比如论智谋诸葛亮和庞统到底谁厉害？吕布和赵子龙的武艺是谁教的？

在这个过程中，我会跟他多讲一些相关的故事，比如诸葛亮骂死王朗，他很惊讶，就问我，为什么动画片里没有。我告诉他，爸爸看的是电视剧版的《三国演义》，里面的故事可比动画片精彩多了。后来看完动画片，他就要求和我一起看电视剧《三国演义》。我们也是边看边提出一些问题，比如，为什么曹操可以吸引这么多能人？为什么关羽就愿意跟随刘备？所有的武将里面谁最厉害？所有的兵器谁的最重？……

这些问题有的他一时答不上来，然后我们就共同去查资料。渐渐地，我发现他很快掌握了一些方法，自我学习、主动探索和解决问题的能力越来越强。

后来他听我说邓艾空降"天兵天将"于蜀国国都，惊奇之余也很好奇，说电视剧里为什么没有呢？我说，我看的是书，书里面比电视剧丰富多了。就这样，他又被我带着开始看《三国演义》的原著。

看书的过程中，我们的讨论仍在继续。有一次，我问他，你知道草船借箭讲的是谁和谁之间的故事吗？儿子说，这我知道，当然是诸葛亮和曹操啊，电视剧和书里面都有。然后我跟他讲，草船借箭这件事和诸葛亮可没有关系，他这回又很惊讶，问怎么回事。我跟他说，因为爸爸看的是《三国志》。他问《三国志》是啥？我告诉他，《三国志》是史书，《三国演义》就是根据它改编的，所以《三国演义》不是真的历史。他又问，那《三国志》是不是就是真实的历史了？我说这也不好说，因为作者也只是通过自己的了解写的，有一些故事也未必是真实的历史。然后，他说他也要看真正的历史，想看《三国志》。我跟他说，看这样的书需要认识很多字，还要能明白古代人写作的语言，要等长大了才能看懂。他说好，长大了一定要看看。

后来我带他旅游的时候，特意去了三国中提到的一些城市，比如西安、许昌等。他看到书里面提到的地名特别兴奋，会说出发生在这里的一些故事。直到现在，他都特别喜欢历史。

从三国故事中，他也学到了一些很好的品质。他小时候比较胖，学校活动中总过不了障碍，被小朋友嘲笑。回到家我问他，如果曹操遇到这样的嘲笑会怎么做？于是我们一起找到了曹操败走华容道的经历，看看曹操面对失败和嘲笑的时候是怎么处理的。这让儿子对失败有了正确的认识。

对于书中一些情节、疑问，以及想要弄清的知识点，我们还采用了项目式学习法。比如曹操那么喜欢关羽，还送他赤兔马，为什么关羽还要走？关羽和曹操各自是怎么想的？围绕一个问题搜集信息、解决问题。通过这种兴趣引导的方式，孩子对阅读和历史都越来越感兴趣。

有一阵子，他特别想知道那么多武将都在哪个阵营，都用什么武器。我问他怎么才能弄清，他画了一张思维导图。这样既锻炼了归纳能力，搞清了一些人物关系，还让他很有成就感。

通过从动画片开始一步步引导，儿子在阅读方面的兴趣和主动性都很强，语文的学习也变得很轻松。

有了学习的兴趣，还要能学得快、学得好，有什么好办法呢？我自己上学时在这方面颇有些心得，我也把它运用在儿子的学习上，效果非常好。

我上中学时很少在晚上八点以后睡觉，因为作业都在学校完成了。为了回家少做作业，大家都抓紧时间在课间做作业。我做得快，有时候做完了就喜欢到处看别人做得咋样了，遇到在挠头的，就想主动要求给人家讲题。有些题，其实我也是勉强做出来，在给别人讲的时候还挺有难度的，但那一刻脑子转得特别快，思路的连续性很强，毕竟讲不好会很没面子。就这样，我发现自己的逻辑和表达能力都得到了提升。

回想起我上小学的时候，其实也是这样。我有一位小学老师，每次讲到一个地方的时候就停住，让学生上去讲。我也经常上去讲，一开始讲不顺，后来越来越顺畅，并且对这门学科特别喜欢，渐渐也萌发了当老师的想法。

后来我从事教育工作才知道，原来这就是费曼学习法。大脑只有在输出的时候才会高效运转，有效整合和加工收集到的信息。写出来、讲出来、用起来，都是输出方式，也只有在这个时候知识才会被内化。教他人学习，可以说是最有效的学习方式了。

但是怎么能让孩子通过以教为学的方式，把知识掌握得更牢固呢？我摸索出一种很好的方式——学会示弱。

我儿子在学了加减法之后，特别喜欢说一些很长的加减混合运算，他觉得这么长，别人肯定不会做，要考考我。我见他志在必得，就故意抓耳挠腮，好不容易做出几个正确的，又故意做错几个交给他判分。他拿过去一步步算，发现我错了不少，特别开心，还跟妈妈说，爸爸被我考住了。然后跟我讲为什么错了，还一步步给我演算出来。由于我“虚心学习”，他那一阵子很喜欢做这种长长的算式，而且答案准确率特别高。

鼓励也是特别有效的一种方式。我儿子学奥数，后来有个邻居家的孩子也跟着他一起学。我儿子学得早一点儿，我就跟儿子说，你看你前面学得还挺轻松的，你完全可以当老师教教他。他还真就开始讲题了，特别起劲儿。在讲题的过程中，我发现他有的地方也会卡壳，但他特别善于动脑子，总是能想办法讲出来。这样他对原来学的知识就有了更好的理解和更牢固的掌握。

其实每个孩子都希望自己变得更好，希望自己学习好，但是这个过程往往会走弯路，他并不知道如何才能达成。很多时候需要引导、鼓励，甚至是点醒或者扶一把，就像我陪儿子看三国的过程，看似是自然发生的，其实每一步都是在有意地引导。作为孩子生命中最重要的人，父母和老师在关键时刻的帮助，往往能让一个孩子发生巨大的改变。我自己也经历过这样的过程。

我上高中的时候，偏科严重，理科成绩很好，但语文150分的满分我只能考到八九十分，而且多半还是靠作文得到的，基础题非常差，因为我对需要记忆和背诵的东西很反感。对学习语文的逆反伴随了我整个中学时代。直到高三的时候，一位新来的语文老师张利群老师的出现，彻底改变了我对语文的态度。

有一天我没有交语文作业，晚自习之后从教室出来，和张老师一起走在走廊上。张老师忽然对我说，你注定是一个不平凡的人，但是你得先保证上一个好大学是不是？语文落分就很可惜了。听到“注定不平凡”这句话，我心里不由得震动了一下。

我那时候很喜欢打篮球。有一次，她拿着一套试卷到篮球场找到我，让我做完。我拿到之后一道题也没做。高考前，她又叫我到办公室，说帮我准备了几套题，让我一定要做完。我不好再应付，就做了。正是这次做题，我忽然对语文开窍了，也喜欢上了，短短的时间，我的语文成绩从80多分提高到高考时的114分，最终以全校前几名的成绩顺利考上了大学。

我从来没觉得自己不平凡，但那天晚上老师在走廊上说的那句话，让我的心底起了波澜，从那以后我对语文不再排斥，并且还有一种莫名的自信，改变已经在我意识不到的时候开始了。

作为父母，我们有更多的时间与孩子相处。利用好每一个值得鼓励的瞬间，给孩子坚实的人生底色，发现每一个可以引导的契机，助力孩子不断攀登。无论是学习还是成长，孩子都将超越他自己和周围人的预期。这既是教养的智慧，也是父母的责任。

第5章

陪出六种能力，给孩子面对世界的底气

养育是一场渐行渐远的离别，在携手相伴的旅程中，我们帮助孩子具备的那些品质和能力，将决定他们以何种心态去独自面对世界。

主动性发芽，让孩子成为自己的主人

我国著名发展心理学家陈会昌教授曾主持过一项长达 19 年的研究，从 2 岁起开始跟踪研究北京 208 个普通孩子的社会行为与家庭教养方式。研究结果发现，每个孩子身上都有主动性和自控力这两粒种子，孩子成长最理想的状态就是两粒种子都饱满地、和谐平衡地得到发展。

主动性可以说是一个人把命运掌握在自己手上的最重要的品格。一个主动的人，做事时更容易把握机会，更容易把事做出品质，也更容易体会到快乐和成就感，哪怕是苦中作乐。相反，缺乏主动性的人，很难把握机会，做事时总是疲于应付，自己的情绪是消极的，得到外界给予的反馈也是消极的。

有一则故事，讲的是三个工人在砌一堵墙。有人过来问他们："你们在干什么？"第一个人没好气地说："没看见吗？砌墙。"第二个人抬头笑了笑说："我们在盖一栋高楼。"第三个人边干活边哼着小曲，满面笑容，开心地说："我们正在建设一座新城市。"

十年后，第一个人依然在砌墙；第二个人坐在办公室里画图纸——他成了工程师；第三个人则是前两个人的老板。

同样的工作起点，为什么十年之后三个人的状态差异巨大呢？因为这三个人对工作的态度是不一样的，第一个人消极被动，第二个人处于中间状态，第三个人积极主动。正是主动积极的态度，加上日积月累，导致了他们三个人不同的人生。

抱着不同的状态做事，在这个过程中积累的经验、习惯和能力是大不一样的。消极被动的工作态度，其所形成的内在品格也是被动的。积极主动做事的人，环境对他的反馈也是正向积极的，反过来又会促进他形成优秀的品格。这两类人的生活状态会逐渐产生巨大的差异。

主动性强的人，他的品格和能力所带来的优势在短期内往往是看不到的，甚至消极的人还会嘲笑他，但时间最终会让他们呈现出不同的状态。

对于孩子来说也是如此。有些孩子做作业总是需要催，还催不动，好不容易才做完作业，若此时家长再让他看书，他会说老师没布置这个任务；而有的孩子除了能主动完成老师布置的作业，还能抽时间看自己想看的书，并乐在其中。这两类孩子第二天都能按时交作业，但是他们的成长动力却是完全不同的，未来的发展差异就更大了。

在多年的教育生涯中，我接触过很多“学霸”，但我发现这些“学霸”有真假之分。真“学霸”能够自己发现问题、解决问题，假“学霸”常常是作业做完即止，在家长督导之下，还能够保持住学习成绩，可一旦离开家长的督导，就会懈怠。后一类孩子有一些也能考入名校，但很快就跟不上其他人的步伐了，因为大学的学习没有人督导。说到底，被动的孩子命运没有真正握在他自己手上。

我们说主动性这粒种子在孩子的生命中是天然存在的，那为什么有的孩子没有表现出来呢？其中很重要的一点是，没有适合它生长的土壤，所以种子没办法生根发芽。其实不光是主动性，任何孩子本来具备的那些潜质和能力，都需要家长去引导，才能够迸发出来。

下面几种方式，都有助于培养孩子的主动性。

适当提醒，替代过度督促，时间管理替代“碎碎念”

很多家长经常催促孩子，该睡觉了，该做作业了，该吃饭了，赶快穿鞋，赶快睡觉……孩子活在太多的督促之中，就很难自己有动力。但是不督促孩子又不动，怎么办呢？可以改为适当提醒。比如可以说，还有五分钟就到九点了，你准备什么时间开始做作业呢？给孩子一个时间概念和提醒。有一个缓冲，孩子能意识到时间，自己有了主动权，就有主动做事的意愿。而一味地督促，主动权始终在家长手里，孩子体会不到价值感，就很难主动做事。

启发替代命令

很多父母抱怨，孩子做什么事情都得告诉他，比如这个事应该怎么做，那个时间该做什么，不说就不主动做。经过了解发现，这类父母多半都喜欢下命令。

去刷牙！

赶紧穿鞋！

去睡觉！

去做作业！

不要和弟弟打架！

赶快收拾书包！

再不快点儿穿衣服就该迟到了！

收起你的玩具！

……

命令式沟通看似有效，孩子听从了，也照着做了，然而，这并不可取。命令是单向的指令，而非双向的沟通。长此以往，孩子会觉得，我只要等待命令就好了，进而丧失了主动思考、解决问题的能力。

我们可以换一种沟通方式，采用启发式问题。比如上面的问题可以改为：

我们说好的，吃完饭应该做什么？

我们要出门了，该做什么了？

外面冷，你需要带点什么？

马上九点了，这个时间我们该做什么了呀？

你准备如何完成作业？

你和弟弟怎么来解决这个问题呢？

出门上学前要检查什么呢？

怎么做上学才能不迟到呢？

玩完玩具后要做什么？

……

命令式语句通常会引起身体的自然抵触反应，或者让孩子机械地按照你说的去做，而启发式问题则把控制权交给孩子，同时创造了一个大脑思考的流程和机会，孩子处于主动地位，也就更愿意去行动了。

立即行动替代讨价还价

让孩子具备行动力。比如起床，孩子还没睡醒，家长一遍遍催，就容易引起矛盾。平时要进行约定，约定好了却不遵守，就用温和而坚定的方式告诉他该起床了，不要讨价还价。用行动、表情、坚定的语言告诉孩子，现在该做什么，避免讲道理、纠缠、妥协。

自由、民主替代催逼、责罚

孩子不愿遵守计划，多半是因为这个计划他没有参与。因此做计划的时候要和孩子一起做，给孩子选择权。比如周末怎么度过，想要吃什么，都可以商议。

可以一周开一次家庭会议，把这一周做得好的或者不好的地方指出来，大家一起改进。我们家的做法是，制定一张表格，爸爸妈妈应该做的、应该改善的，孩子应该做的、应该提升的，都写清楚，各自遵照执行。通过宽松的环境和榜样示范的作用，孩子就能意识到要对自己负责，要把自己该做的事做好。

自然结果替代逻辑结果

面对孩子的拖拉磨蹭等不良行为的时候，如果父母总是说再磨蹭就要迟到了，会被老师批评，或者再拖拉就要错过睡觉时间了……这些都是在指出逻辑结果，孩子根本认识不到这个结果会让他有什么损失，因而无效。出于对孩子的怜爱，想要保护他，或替代包办，或夹杂着指责、说教来惩罚孩子，实则是剥夺了孩子学习的机会。孩子不但认识不到迟到后自己应当承担的责任，相反，他会觉得是妈妈害怕迟到，妈妈害怕晚睡，这是妈妈的事情，所以孩子不会改变自己的行为。

有效的方式是用自然结果替代逻辑结果。比如规定好了睡觉时间，孩子不按时睡觉，结果早上起不来，迟到了受到老师批评，他才会深刻感受到这是自己的事情。这就是自然结果。

利用自然结果和合理逻辑结果，让孩子为自己的不良行为承担责任，既能培养孩子的责任心，又能培养孩子的独立性和主动性，还能有效减少亲子冲突，真是一举多得。

退后一步替代过度包办

很多时候，不是孩子不主动，而是所有的事父母都抢先一步替他做了，孩子没有机会主动去做，时间一长，孩子自然只能“坐、等、靠”了。父母不妨适当示弱或退后一步，给孩子让出主动做事的空间。比如出门按电梯，可以让孩子走在前面；父母生病的时候，可以把自己的需求告诉孩子，让他有机会提供服务；做家务的时候，问问谁来帮一下忙……相信孩子都会愿意去做。在做事的过程中，孩子体会到成就感，慢慢地，主动性的种子就“生根发芽”了。

如何培养有自制力的孩子

这一篇我们谈谈孩子天生就具备的第二粒种子——自制力。自制力就是自我控制的能力，在心理学上有一个同义词叫“延迟满足”，指为了追求更大的目标，暂时克制自己的欲望，放弃眼前诱惑的一种人格特质。

自制力有多重要呢？

20 世纪 60 年代，美国斯坦福大学心理学教授沃尔特·米歇尔设计了一个著名的关于延迟满足的实验。这个实验是在斯坦福大学校园里的一间幼儿园开始的。研究人员找来 600 名孩子，在他们每个人面前的桌子上放了一颗他们最爱吃的棉花糖，并告知孩子，如果能坚持 15 分钟不碰它，那么 15 分钟后将被额外奖励一颗棉花糖，若没坚持住吃了，就没有奖励了。

一台隐藏摄像机开始记录接下来发生的事情。有些孩子立马吃掉了棉花糖；有些孩子一开始没吃，可后来没忍住，也吃掉了；还有一部分孩子一直忍着没吃，等实验者回来以后，他们成功拿到了第二颗棉花糖。

米歇尔教授对这些孩子进行了多年的追踪研究，结果发现，当年那些不能延迟满足的孩子，无论在家里还是在学校，都更容易出现行为上的问题，学习成绩也较差。他们通常难以面对压力，注意力不集中，而且很难维持与他人的友谊。那些可以等上 15 分钟再吃糖的孩子，在学习成绩上比那些马上吃糖的孩子好很多。追踪这批孩子到 35 岁时，他们发现，当年不能等待的人，成年后有更高的体重指数，更容易出现吸毒问题。

中国的孩子表现会不会不一样呢？辽宁师范大学的杨丽珠教授等人也做过一项类似的自制力实验：在幼儿园孩子面前摆有两盘巧克力，一盘多，一盘少，只要能多忍耐 15 分钟，就可以吃到多的那盘，反之，则只能得到少的那盘。这项延续了 7 年之久的实验结果是：在参加该实验的近百名 3 ~ 4 岁的孩子中，超过 80% 的孩子只忍耐了几分钟就按铃呼唤实验人员，要求得到巧克力。

既然每个孩子天生都有自制力的种子，为什么在现实中却看不到呢？这与这些年家长普遍溺爱、过度限制、过度保护、过度妥协孩子有直接的关系。

就像植物一样，孩子的成长也需要空间，如果父母不能够给孩子提供长大的空间，孩子的自制力水平就很难发展起来，进而限制孩子未来的发展，他也始终很难达到自己满意或令他人满意的状态。

曾有一位六年级的孩子，想在上舞蹈学校和普通学校之间做选择，父母一时定不了，问我有什么建议。这个孩子很爱跳舞，但学科成绩不好。父母也承认由于工作原因，没有过多陪伴，孩子学习习惯不好，很难坚持做好一件事，遇到困难就想逃避和妥协。我和孩子单独聊天儿时，发现孩子很健谈，很懂道理，为人处世也有同理心。

我很好奇这个孩子怎么懂这么多道理，后来了解到，他父母平时就经常跟他讲一些道理，并且经常让孩子与一些优秀的同龄人和有突出成就的成年人交流。孩子听了大量榜样的故事，因此什么都懂，但就是从来不去做。实际上他只是在通过说出一些大道理的方式来缓解压力，不做是因为做不到，因为自制力水平没有发展起来。

父母问我该怎么选择，我说，问题不在于怎么选，而在于如何提升孩子的自制力水平，否则学什么都难学好。最后他们还是选择把孩子送到外地的舞蹈学校。我问他们打算多长时间去看一次孩子，妈妈说一个月去一次。而实际上后来她是一周去看一次，因为她对之前缺乏陪伴感到愧疚、心疼，想通过频繁看孩子来弥补。

就这样坚持了一段时间，他们又把孩子接回普通学校上学了。我问他们是觉得学科学习重要，还是心疼孩子，父母承认是心疼。

后来我又了解到一些事情。有一次，孩子想买自行车，开始和父母讨论定好了价位，但实际买的时候，孩子看中了超过预算的那一款，经过一番争执后，父母妥协了，并且还买了超过孩子所想的更贵的一款。类似的事情屡屡发生，并且结果都是一样的。

当孩子需要的时候尽其所能去满足，孩子想要什么赶紧买，一开始父母是知道如何正确决策的，但后来还要用各种理由支持孩子的选择。学业上高要求，生活上过度满足，情感上溺爱与妥协，导致孩子什么都不愿意做，这样的教育方式何其纠结！

其实我在和孩子聊天儿的时候已经感觉到，这个孩子的自制力种子已经发芽了，因为他与我单独相处和父母在场的时候，表现完全不一样，他有一定的自制力，情商也很高。很明显，在父母羽翼之下时，那种太过温暖的保护，让孩子身上那个婴儿的自我开始控制他自己。

怎样培养孩子的自制力呢？我觉得有五个方面特别重要。

从小培养孩子的专注力

自制力的重要表现就是专注力好，而较好的专注力水平又能很好地促进自制力的发展。为此需要给孩子提供特定的环境，减少外界干扰，让孩子能集中注意力。关于专注力的培养，在第4章有专门讲到，这里不再赘述。

提升延迟满足的能力

要让孩子知道，为了获得更高质量的快乐，有时候是需要克制自己的欲望的，所以不要太快去满足孩子想要一件东西的欲望。有时甚至需要使用一些策略来锻炼这项能力。

我儿子想要学轮滑，我和他一起选了一双轮滑鞋，买了之后他问几天能到，我说正常两天就到。他第二天就催问怎么还不到。我发现他太着急得到了，想着这回得让他学会等待和忍耐。于是我告诉他，因为是限量款，现在没货了，要晚一阵子到，我们得耐心等待。我见他很失落，便说，你在难过的过程中什么也做不了，即使你难过，轮滑鞋也到不了。你可以难过地度过这段时光，也可以快乐地度过这段时光，如果你过得快乐一些，时间也会过得快。那你希望做点儿什么让时间过得更快呢？他说，我想看《海底总动员》，或者看书、打羽毛球也行。最后他选择了看书。

接下来几天他还是每天问我快递有没有到，但没有那么焦躁了。其实快递早就到了，我给藏了起来。前前后后多等了一个星期，他才终于收到心爱的鞋子。他对这双鞋子爱不释手，每次出去滑都很注意保护鞋子。后来买羽毛球拍，我也采用了同样的做法。我发现他对这些经过长时间等待才到手的东西格外珍惜。

守规则，去自我中心化

要明确告诉孩子，人在社会中、家庭中都必须遵守一定的规则，不能想干什么就干什么，自由也必须在规则之下。比如，在家里对于不认同的事，可以有意见，但不能随意发脾气；在游乐园玩要排队，不守规则随意插队会造成冲突，甚至发生危险。当孩子发生这种不守规则的事情时，要让他看到由此带来的后果，他才能认识到要管控好自己的欲望，不能为所欲为。

遵守约定

商量好的事一定要遵行，否则孩子就会认为约定没那么重要。这在孩子还小的时候比较好建立，几次之后，他对承诺就有了很好的意识。很多时候其实是家长没有做好这一块儿。比如说好看一集动画片就不看了，但是一旦开始看就很难关掉，家长一严厉，孩子就哭闹，最后家长只能妥协，孩子下回看的时候就会寻求更长的时间。

如果在最容易管教的年龄没有做好，随着孩子的成长，他内心的自主力量越来越大，就很难再遵守约定了。

提高身体的耐受力

运动是培养和提高孩子自制力的好方式。一项运动想要达到一定的水平，一定需要很高的意志力和耐力。因为在这个过程中需要经受身体和精神的双重考验，需要经历心理挫折的反复历练。枯燥的练习对孩子自制力水平的培养很有帮助，当一个孩子想要把一项运动做到极致而不断练习的时候，他的自制力水平就得到了很好的提升。

也可以带领孩子挑战几件超过孩子能力但父母可以掌控的“冒险”的事，比如，爬树、野外生存训练等，对身体、情绪和心理都是极大的挑战。孩子在这个过程中必须足够专注和控制好自我。

任何品格和能力的发展都是从无到有再到高水平，孩子身体里蕴藏着这样的种子和潜力，自制力也是如此。但这些种子是否能够生根发芽、茁壮成长，取决于父母给予哪些营养，父母是否能突破自己情感上的屏障，以孩子的发展为中心。我们要接纳和尊重孩子的感受，但一定不要以孩子的情绪为中心，这是我们陪伴孩子的基本准则。

如何提高
亲子时间管理的效能

当我准备写这篇文章的时候，正逢我国选手 18 岁的谷爱凌摘得冬奥会自由式滑雪大跳台金牌，这个全能学霸女孩儿一时间圈粉无数，引发热议。

关于这个女孩儿的报道，有几个方面引起了我的注意：全日制学生、高中提前毕业、充足的睡眠时间、超强的时间管理能力……而这也正是我在这篇文章想要展开的话题。

关于时间管理，很多人认为它是针对时间本身的管理，实际上它更应当是对我们学习生活在单位时间内能够达成的效率进行管理。这也提示我们，不仅要教会孩子时间管理的方法，更要帮助孩子规划他的学习生活，这就不单是孩子的事情，更是家长的职责。谷爱凌妈妈为孩子制定的规划，更是印证了这一点。

如果说真有什么“命中注定”，那就是我们这一生各种选择不断叠加的结果。因此，我们必须思考，在有限的时间里如何帮助孩子进行规划。这会涉及我们希望他过怎样的生活，孩子现阶段最需要实现的目标是什么，以及对于这个目标孩子需要付出怎样的努力，使用怎样的方式，等等。这里我想重点介绍两种规划方式。

选择性延时或放弃

有效的时间管理是做减法而非加法。我们经常看到一些妈妈晒出孩子的日程表，密密麻麻，几乎精确到分秒……我相信做过这样计划的妈妈都有过类似的困扰，就是计划失败！为什么？因为孩子免不了在厕所里多坐了 2 分钟，和小伙伴多玩耍了 10 分钟，或者俩孩子打个架斗个嘴，或者来个临时事务……这种时间极度细化的计划表真的是难以实现，还会徒增烦恼，引发焦虑。

有些家长可能会质疑，学校课程表不也是满满当当的吗？其实，学校也会根据临时事务、具体活动调整课程安排，比如校庆、节日活动，需要带着孩子们学习传统文化、排练节目、外出参观博物馆等；临近期末考试的时候也需要调整课程安排，进行有计划的复习。所以，真的没有必要排满整个计划表。

下面是我见到的一位妈妈给自己一年级的孩子安排的课后班时间表。

周一	周二	周三	周四	周五	周六	周日
16:30 ~ 18:00 体能课	16:30 ~ 17:30 跳绳课	17:00 ~ 17:30 钢琴陪练 18:30 ~ 19:00 硬笔书法	17:00 ~ 17:30 游泳	16:30 ~ 18:00 羽毛球 19:00 ~ 19:20 英语	10:30 ~ 12:00 舞蹈 17:00 ~ 18:30 绘画	14:00 ~ 14:40 钢琴

看完这个日程表，我的第一感受就是孩子好辛苦，每周这么多的课外班，虽说以兴趣班为主，但数量和时间安排都让人备感压力。

如前所说，时间管理的真正意义在于提升效能，给孩子做计划表，不是为了感动自己，不是为了让孩子“看上去很努力”。这个妈妈的计划，哪怕执行一年，再回头看，孩子在这些方面的学习也只会效果平平。

对于这种多项目时间密集的计划，可以进行选择性延时或放弃。比如在体能、跳绳、游泳、羽毛球四项运动中，选择一项进行高频率学习。80% 的成就通常是 20% 的关键任务带来的，与其每周每项运动进行 1 次，不如和孩子商量，选择一个他最想学习，或者现阶段必须学习的项目，每周安排 3 ~ 4 次，如果碰到假期，还可以进行集训。拿我家孩子来说，上小学前，孩子的运动都是我带他练习的，由于出差很多，我就每天在视频电话里进行陪伴，尤其是每一项运动从开始到形成稳定的兴趣和习惯阶段，必须坚持有效陪伴。上小学后，为了规范动作，开始针对性地报了训练班。由于平时练琴的时间安排较多，他的羽毛球学习只能安排在周末，但是在寒暑假，我们都会给他报两期共 20 天的集训，每天 2 课时（3 小时）。集训进步显著，第一年暑假集训后他升入中级班，下一次寒假集训后升入高级班。

如果还想学习其他运动项目怎么办呢？如果每周安排孩子上篮球课，那么可以在暑假安排孩子集中学习游泳。我儿子在 5 岁时进到没过脚踝的水里都很害怕，但是经过两个假期的戏水，他逐步消除了恐惧，又连续上了十几节游泳课，蛙泳、自由泳已经如鱼得水了。孩子 6 岁时看完《三国演义》后迷上骑马，为了把有效时间用在练琴上，我没有马上给他报马术，而是延时到 2 年后，在妈妈怀二宝孕反严重，陪练钢琴的时间相对减少时，才给他报了马术。他集中学习了 40 节课，就能独自驰骋自如了。

再说选择性放弃。比如我儿子小时候，如果自己的玩具被其他小朋友抢走，他也只是搓搓手，绝不会动手抢回来。为了帮他建立合理的竞争意识，提升勇气和能力，我们就鼓励他踢球，结果他总想当守门员。他4岁时还是个不折不扣的小胖子，为了实现趣味减肥，妈妈给他报了街舞，希望减肥的同时解决节奏感和协调性的问题，但是效果也不好。我分析发现，这些所谓的问题或待发展的能力并不是只在一种活动或学习中才能锻炼到。比如竞争意识、勇气和能力，在各类运动中都可以培养，其中篮球、足球等还可以培养团队合作能力。节奏感的培养可以通过舞蹈、器乐来兼顾。所以，综合考虑距离远近、家庭的社会资源等因素，我们最后选择了篮球和钢琴。

在这里特别要强调的是，6岁以前的培养主要是家长为主导，因为兴趣是培养出来的，而过了6岁要逐步放权给孩子，充分考虑孩子逐渐分化的潜力、培养难易度以及兴趣的最优化因素，提高当下项目学习的效率。还以前面那位妈妈的计划为例，停掉2～3节运动课，省下的金钱和精力可以多给孩子上一些英语课，现在英语是每周1节，20分钟，时间太少，难有效果，可以每周一至周五全安排英语，效果一定会十分明显。

适当打“突击战、歼灭战”

没有一种时间管理的方法是单独使用就能高效解决问题的，所以在“选择性延时或放弃”时，应当伴随“突击战、歼灭战”，即在一定的时间阶段集中精力做当下最重要的事情，完成某个目标。

在这方面，SMART[1]目标制定原则非常好用，我认为所有目标设定都应该符合SMART原则，即：

---

[1] SMART：SMART原则是管理大师德鲁克在《管理实践》中提出的目标管理方法，按照这个原则制定出的目标才能保证可实施、可跟进、可考核，也更容易实现。

S（Specific）：具体的

某段时间里要完成的任务和目标必须是具体的、明确的。

M（Measurable）：可衡量的

对任务或者目标进行量化，比如完成多少，完成到什么程度。比如有的家长这样写孩子的年度计划：提高孩子的英语水平。提高多少算是提高呢？多会 10 个单词还是多读一套书？这是需要明确的。例如可以改为：今年年底孩子的英文阅读能力达到蓝思值 800L。

A（Attainable）：可以达到的

制定的目标或安排的任务，一定是孩子通过努力可以完成的。难度太大会吓倒孩子，无法完成。

R（Relevant）：相关的

安排的任务要和实现的目标有相关性。比如三年级语文学习了童话，就可以多找些童话系列的读物给孩子做课外阅读，帮助孩子对童话创作有个了解，甚至可以鼓励孩子自己尝试写个小童话故事。这就是把有效时间用在高价值区，能够提升时间管理的效能。这样孩子在学习和练习“童话创作”时，都很有信心，从而变成主动学习。

T（Time-bound）：有时限的

设立的目标要有截止日期，不能遥遥无期。在设定目标时，我通常使用的计划表工具有以下几种。

•365 天年度计划表：用来记录一整年的成绩、大事，一目了然，孩子时刻能看到自己的进步和收获，会非常自豪，从而对执行新任务充满力量。

•月度计划表：将每月的重要事件、重点安排、临时事务标记进去，做一个提示功能。

• 21 天计划：一般用来培养习惯，帮助孩子完成短期学习任务。

• 100 天计划：帮助孩子完成中期学习任务。

为什么不是月计划而是 21 天？因为每个月总会有一些临时事务，也要给孩子一些自由支配的时间。21 天计划不是连续的 21 天，而是在一个月中能够有 21 天来完成目标。无论学科学习、钢琴练习、运动训练，我都是以 21 天为时长来设定目标。比如 21 天跑步 50 千米，21 天跳绳 20000 个，21 天学会 2 首钢琴曲，21 天自学数学 4 节，21 天读完 1 套英语绘本，等等。

需要注意的是，不是 21 天内只做一项任务，而是其他任务也要做，只是进展放慢些，重点“歼灭”已经定好的目标。比如目标是完成 2 首钢琴曲目，同时其他曲目也要适当练习，跑步、跳绳、英语、古诗词也都正常进行，保持小步徐行即可。

执行目标任务时，我们需要“吃青蛙”（优先完成最具挑战性的任务），可以用 25 + 5 番茄时钟[1]来帮助孩子提高专注力，也要留出孩子放飞自我的时间。这个时间里，由他决定做什么（前提是和家长约定好内容，家长需要把关，比如控制电子产品的使用时间），让孩子做自己想做，平时又没有时间做的事情。当孩子知道他在完成计划后可以拥有“福利”时间，他就会倍加珍惜，提高效率，完成自己的 21 天计划。

例如，我会和儿子提前沟通好，如果这个月的 21 天计划没有完成，下个月则需要用他的福利时间来弥补。他十分珍惜他的福利时间，因此完

[1] 25 + 5 番茄时钟：一种旨在提高工作效率的时间管理工具。即设定一个番茄钟时间，25 分钟专注于工作或学习，中途不允许做任何与该任务无关的事，直到番茄时钟响起，然后休息 5 分钟。

成任务时会极力追求高效。我们也会用福利时间专门举办一个小庆祝会，为他完成了一个阶段性的目标而庆祝，为他的坚持不懈而庆祝。

100 天计划和 21 天计划类似，区别在于它是中期目标，需要让孩子完成一个较大的任务。需要注意的是，100 天计划不要和 21 天计划重合，比如在 2 月的 21 天内，孩子需要学会 2 首乐曲，在 2 ~ 4 月的 100 天内，孩子又需要完成 3 套英语阅读书籍，做到英语阅读能力达到蓝思值 800L。如果计划重合，孩子的任务压力会增大，阶段性的目标也不清晰，所以建议分开执行。比如一年当中，用一次 100 天计划，剩下的使用 21 天计划。用 100 天计划时，孩子的福利时间可以定为 4 个月减去 100 天剩余的时间。

刚开始执行的时候，可以先从 21 天计划开始，时间短，更容易坚持和实现目标，也能够及时修正调整，为下一个 21 天做好准备。我给儿子用得最多的是 21 天计划，一个个小目标的实现能够让孩子自己看到取得的成就，感受到自己的变化，从而更加懂得坚持的力量。

无论是“选择性延时或放弃”，还是“突击战、歼灭战”，都是在集中精力做好一件事，让孩子能够从中获得成就感，获得自信，甚至帮助孩子从对某项技能或学科学习的畏惧、排斥，走向喜欢、热爱，甚至是擅长。

有情绪
不是孩子的错

有一次，我在商场里听到有孩子在大哭，原来是这个孩子看上了一款玩具，一定要买，妈妈则不停地跟他讲道理，说出门时是怎么答应的，肯定不能买。我转了一圈回来，发现他们还没离开，这位妈妈还在那里跟孩子讲道理。孩子已经不再大哭了，只是坐在那儿失神地盯着地面，而妈妈的怒气似乎也没消。

还有一次，在一个游乐场，一个三四岁的小男孩儿在玩翻斗乐，妈妈叫他走，但是他就像没听到。妈妈把他拉出来，他就开始哭。妈妈开始吼叫，但丝毫没有用，越吼孩子哭得越厉害。最后妈妈说："你就在这儿玩吧，我走了，不要你了。"然后就离开了。孩子一看妈妈离开，边哭边追了出去，把妈妈往回拉。

还有一次，我在街上看到有个女孩儿不知为何正哭着拽着爸爸的衣服，被拖着往前走，爸爸突然转身一顿吼叫，孩子吓得愣在那里不敢动了。接着爸爸一伸腿把孩子摔在地上，自己走了。

太多太多这样的场景，不禁令人感到心痛。当父母不懂如何与孩子沟通，帮孩子化解情绪的时候，孩子的各种情绪就会转移到父母身上，进而做出非理性的行为，甚至彻底失控。

孩子在哭声中来到这个世界，当他从温暖的子宫降落人世，失去了安全感，哭或许是他寻求关注与保护的唯一方式。而对于童年期的孩子，哭也恰恰是他最能够掌控的一种表达方式。孩子有时只能通过哭，通过发泄情绪，把内心呈现出来，让父母理解他。这种情绪宣泄也能让他的心理保持健康。

对于幼儿期的孩子来说，他还不会控制自己的情绪，难过的时候就会哭。这时候父母可能会有些生气，或者认为孩子在无理取闹。但是无论你的心情变得多么糟糕，首先都要控制好自己的情绪，然后尝试着去理解孩子的心情。也许孩子是因为没有跑第一而难过，或者他会因为搭的积木突然倒了而伤心……孩子的这些挫败在大人眼里简直不值一提，但是他的挫败感与大人工作上失败、情感上受挫的感受是一样的，都是十分难过的。这个时候只要搂搂孩子，表示自己对他的关注和关心，不需要多说什么，只要让孩子感觉到他是被理解的就可以了。

如果孩子已经情绪失控到大哭大闹，这对父母就是相当大的考验了。每个人都有情绪的触发点，情绪一旦启动，就很难自动关闭。如何平和地面对孩子的情绪，而不至于自己也情绪失控呢？我想首先还是采取接纳的方式吧，因为接纳才能带来改变，后面所做的一切才是有效的。

如何接纳呢？首先要觉察自己的情绪，不能被情绪带着走。那种听着孩子哭闹则内心烦躁、浑身发热的状态，就预示着情绪即将失控。这时候需要做做深呼吸，或者离开现场冷静一下，才能更好地接纳孩子的情绪，否则只会激化孩子的情绪。

孩子每次出现情绪的原因都不同，我们在面对和处理的时候，在接纳的前提下也需要采取灵活的方式。我把孩子的情绪场景分为四种。

当孩子出现错误的行为时

比如在游乐场和小朋友抢夺玩具没抢到，就大哭或者打架。孩子本来就有情绪，这个时候家长如果直接制止，批评孩子或者粗暴地把孩子拉开，孩子的情绪就会爆发。

没能按照自己的想法进行，孩子当然会有情绪，孩子对情绪的控制是有待发展的，这并不是他的错，家长应当站在孩子的角度来理解他。首先要说出孩子的感受，比如可以说："宝贝儿，你想要玩那个玩具，但是小朋友不愿意给你，你很难过，是不是？"当孩子知道自己的情绪被父母重视，也被父母理解的时候，他就愿意跟父母交流。只有了解孩子，才能够帮助孩子。

等孩子说完自己的感受，再针对他的行为表达正确的观点。比如可以说："我知道你很难过，那个玩具确实太好玩了，要是爸爸想玩却没能拿到，也会很伤心。但是那个小朋友正在玩，你直接去抢就不对了。"让孩子明白，他的情绪并没有问题，出问题的是他的错误行为，不良行为是需要被制止的。然后引导孩子说出他现在的感受，他可能会觉得没有那么难过了，就可以聊聊下次再遇到同样的情况该怎么办，可以和孩子一起寻求解决方案，比如交换玩具，或者说好每个人玩多长时间。

通过这个过程，孩子就能明白，遇到争执的时候，不能任由自己发泄情绪，要想办法解决问题。

被要求停下喜欢的事情，去做应该做的事情时

比如孩子正在看动画片，看得津津有味，忽然被叫吃饭，就会有情绪。如果一遍遍催，他就会情绪爆发。

这个时候，如果强求孩子来吃饭，即便是关掉了电视，孩子也可能会

赌气不来吃。正确的方法是，先认可孩子的感受，充分表达理解和同情。比如可以说："这个动画片太好看了，现在停下来不看有点儿困难，是不是？但是现在到吃饭的时间了，爸爸妈妈非常关注你的身体健康。动画片晚一点儿还能看，如果不吃饭，那就只能饿肚子了。你是想晚一点儿看，还是想饿肚子呢？"孩子自己权衡后，会选择吃饭。

想干的事因为不符合规则，需要被限制时

比如说好的一周只能吃一次零食，可是孩子每天都想吃，不让吃就发脾气。这时首先允许他表达想要吃的情绪。比如可以说："我知道你很想吃薯片，它很好吃是不是？"甚至可以用想象来满足他："我也想和你一起吃满桌子的薯片。"然后再次明确规则："可是，我们是不是已经定好了规则，每周只能吃一次？昨天已经吃过了，只能等到下周再吃了，因为油炸食品吃多了不健康，我们是不是应该遵守规则呢？"这样孩子基本上都能接受。如果采取批评的方式，直接告知他不对，违反规则是不对的，吃零食是不对的，孩子就会产生顶撞情绪。

而且，直接告知孩子这个行为不对，孩子没有认识到错在哪里，会增加他的无助感和愤怒，无助于解决问题，甚至情绪会更激烈。

没有缘由地经常情绪化，做什么都带着情绪

比如有的孩子很黏人，动不动就哭，也没什么明确的原因。这种情况大多是孩子在寻求关注，父母要找到其背后的动机和需求，反思是不是陪伴时间太少，或者陪伴过程中没有全身心投入，没有满足孩子的心理需求，等等。还有的孩子不管父母说什么都对着干，此时父母需要反思，平时是不是干涉太多，给孩子的空间太小。孩子发脾气实际上是在寻求权利，想

要自己去做一些事情。这些都需要在生活的细节里去发现和感知。

有的孩子总是捣乱、破坏，甚至出现一些报复性行为，因为他有被抛弃感。曾有一位妈妈跟我说，女儿3岁了，自从有了弟弟之后，就天天黏着她，好像忽然“变小了”。给弟弟的东西她总是抢过来，奶瓶也想抢着喝。妈妈批评了她几次，有一次自己要休息一会儿，姐姐说她可以自己照顾弟弟，然后趁妈妈不注意咬了弟弟的脸。

为什么会有这种行为呢？因为孩子通过看到的家庭生活的改变而产生了错误的认知：自从有了弟弟，她不能和爸爸妈妈睡了，爸爸妈妈对她的照顾也没那么多了，这让她感到爸爸妈妈不爱她了。她就会想，为什么呢？原来是因为有了小弟弟。因此，她又变成了小宝宝，想让爸爸妈妈也照顾她。因为得不到足够的关注，就趁妈妈不注意去咬弟弟，实施报复。

孩子的情绪和行为是由他的认知决定的，认知则源于感受，感受则取决于他被对待的方式。

因此，要改变孩子的情绪和错误行为，首先需要改变孩子的认知。比如对这个小女孩儿，弟弟出生之前爸爸妈妈就要做好解释，弟弟刚出生会很柔弱，爸爸妈妈需要腾出精力照顾他，你小时候我们也是这样照顾你的，可以让她看看小时候大人照顾她的视频。让她知道，并不是爸爸妈妈不爱她了，而是一直都深爱着她，并且她将多一个人爱她。让她了解到弟弟也是家庭成员，需要她给予一份爱，这会让她有一份责任感，可以问她：“你已经长大了，你愿意一起分担吗？”孩子也会有成就感。当然也需要跟孩子明确：“爸爸妈妈特别想陪你，会专门抽出时间陪你。”这样会让孩子内心感到踏实。

当孩子感到自己被重视了，内心感受好了，情绪问题自然就化解了。

这里我想特别强调的一点是，当孩子出现情绪问题的时候，要保护孩子的安全，不要形成对抗。孩子的情绪管理能力会在不断面对具体的冲突中慢慢提升，这是需要过程、需要锻炼的。当孩子情绪失控时，可以保持适当距离或沉默，但要保证和孩子在一起，至少要让孩子感觉到你是和他在一起的，绝对不能关“小黑屋”。

最后我想说的是，孩子出现情绪问题并不都是坏事，不管是摔坏了玩具、考试没考好，还是小伙伴的背叛，生活中这些负面的经历其实都是我们与孩子之间进行共情，建立亲密关系，教他如何处理情绪的好机会。无论是孩子说“我今天考试没考好，特别伤心”，或者是在学校跟同学起了冲突和矛盾，“他们都不喜欢我，都不跟我玩”，又或者“有人抢我东西，我很生气，他们还打了我”，等等。当这样的情况发生时，作为父母，我们不要急着去指责或解决孩子所说的问题，而是要换个角度去想：感谢孩子给我这个机会，让我可以帮助他学会以后怎么面对这样的情况和情绪。这样一来，孩子每次出现问题，都能成为增进亲密感、对孩子进行指导的好机会。孩子在不断地面对问题、解决问题中成长，亲子关系也会随着我们正确地解决问题而不断变好。

学会选择，才能应对变化的世界

曾有一位妈妈跟我说，她的孩子六岁了，每回买东西都要选好久，很纠结，买完后，又总感觉别人挑的比自己挑的好，想要换。所以，每一次买完东西回来都不是那么顺心。感觉孩子缺乏选择的能力，怎么办？

当面临选择的时候，很多孩子往往容易不知所措，表现得难以决断，这种现象是很普遍的。比如有的孩子早上起来，如果大人没有帮他拿好衣服，他就不知道要穿哪件，甚至小朋友邀请他一起玩时，他都要先问问大人的意见，自己无法决定要不要玩……

这些虽然看起来是选择困难，实际上是孩子内心的力量缺乏，不敢去选择，即使勉强做了选择，也会对自己的选择不够坚定。

现在，很多教育课程都在说要培养孩子成为世界公民，世界公民的标准是什么呢？是会几国语言，是具有国际视野，还是了解多元文化？这些固然都很重要，但更重要的一点或许是在变化的世界中敢于选择，并去积极适应变化，在变化中保有自信，具备与环境相处的能力。

很多时候我们面临选择时，很难看清哪个选择才是正确的，但这并不重要，重要的是我们可以选择是积极还是消极，是犹豫还是果敢，这才是决定事情走向的关键。写这篇文章之前，我刚看完北京冬奥会短道速滑接力赛，中国队外道超越斩获金牌，这不禁让我想起四年前平昌冬奥会一场比赛的情景。当时中国队在正常滑行情况下被推出赛场，却被判为犯规，赛后队员们满腹委屈，申诉无果。然而几天后，男子短道速滑500米决赛，队员武大靖顶住压力，以打破常规的方式使整个过程始终保持第一，摘得中国短道速滑男队在冬奥会上的第一枚金牌，也打破了尘封6年的世界纪录。

面对赛场不公，队员们可以选择愤怒、抗议，甚至放弃比赛，也可以选择做好自己，不给对手再一次影响自己的机会。事物本身不影响人，影响人的是人对事物的看法，不同的选择将导致完全不一样的结果。只有选择积极，才能够通向顺利。

为什么很多孩子面对选择时不敢决定，选好了又后悔，或者总是寻求大人来做选择呢？通过了解他们的家庭，我发现，在他们的成长过程中，大人普遍存在包办太多的情况。一旦父母不再提供决策，又没有给予很好的指导，孩子独立面对选择时就无所适从。这类孩子常常会变得没主见，一部分则会变得叛逆。因为父母的过多包办限制了孩子的选择权，孩子内心的权利得不到满足。这种叛逆其实是孩子在寻求一种权利，想要自己做选择。

所以，要让孩子有决断力，首先要给孩子一定的自由，这也是在给予孩子负责任的机会。让他明白，在体验选择的快乐的同时，也需要承担相应的责任。因此，当孩子面临选择时，就会慎重而坚决。在这个过程中，父母可以适度提醒，但决定权一定要在孩子手中。

孩子面临选择的情况很多，这里我大概总结了五类，分别是：面临多个选项时，感到困难和害怕时，被嘲笑时，做了错事时，以及事情没有按照预期发展时。这些时刻不仅是对孩子当下选择的考验，也会影响孩子一生的发展。

面临多个选项时

孩子有很多想做的事情，但是时间是有限的，这时候就必须做取舍。很多孩子会选择做自己最喜欢的事情，那当然是最好的。但事情往往不会那么简单,有时候最佳选择不一定是选自己最想做的,而是选自己应该做的。

比如我儿子喜欢的运动项目很多，有篮球、羽毛球、游泳、马术、柔术、滑雪、网球。上了小学后，可自由支配的时间变少了，这时候就需要做取舍。这些运动他都很难舍弃，怎么办呢？我让他想想最想保留的是什么，他选择了篮球和羽毛球。但是由于他非常喜欢弹钢琴，打篮球一旦伤了手指，就会影响弹琴，权衡之后，运动方面他选了羽毛球。这个选择对他来说很难，但因为是他自己的选择，就要坚持，现在他已经非常享受羽毛球运动了。

感到困难和害怕时

面临困难和害怕时，人的本能会选择保护自己，倾向于选择容易的道路。但是困难和害怕并不会消失，选择逃避就会一直懦弱。只有在战胜困难和害怕之后，它们才会消失。

我儿子小时候胆子小，对跳跃都充满恐惧。我在家里装了一副单杠，他看我做运动也很想抓，但是一开始不敢跳。我把单杠降低到他能抓住的高度，他还是不敢。我说你有两个选择，一是放弃，这样的话，你每次见到它都会害怕，但是你每天还是会见到它；二是抓住它把自己吊起来，下回你就不怕了。他一下子就哭了，我问为什么哭，他说我想战胜它，但是我害怕。我说我等着你，你什么时候想跳了来找我，我帮你。他试着跳了好儿次就是不敢抓。我说我们想想办法吧，然后我在单杠下面放了一张小凳子，他踩上去抓住单杠，我再把凳子拿走。他抓了一会儿没那么害怕了，还觉得挺好玩的。然后我鼓励他踮起脚尖，抓好之后把腿蜷起来。这样几次之后，他就能跳起来抓住单杠了。往后的一段时间，我慢慢升高单杠，他现在 145 厘米的身高，已经能轻松跳起来抓 193 厘米高度的单杠了。

告诉孩子，躲避困难和害怕，困难和害怕就永远都在那儿，将来再遇到，他依然会选择躲避。这是一种失败的人生模式，直面困难和害怕才是唯一正确的选择。当觉得学习或者做一件事枯燥的时候，同样需要直面和坚持。孩子也正是在一次次勇敢面对困难之后获得成长。

被嘲笑时

被嘲笑对孩子来说是一种巨大的挫败。我儿子在游乐场玩的时候经常被小朋友叫小胖子，一开始有好几次眼泪都快下来了，他本来很喜欢玩滑梯也不想玩了。我见他很难过，就把他搂在怀里跟他说，你认为他们是在嘲笑你，你很难过是吗？他说是的。我说，爸爸小时候经常被别人说个子矮，爸爸也很难过。但是，嘲笑别人的行为是你的错还是他们的错呢？他说是他们的错。我说，嘲笑别人是缺乏素养的表现，你现在难过就让自己承担了别人的错误，你想不想承担别人的错误呢？他说我不想。

然后我们探讨了面对嘲笑应当怎么选择：你可以选择难过，没心情玩了；也可以选择忽略，你继续享受乐趣。如果你很生气，你也可以告诉他，我不喜欢你这样说，或者选择不和他玩。当然如果你愿意的话，也可以选择满不在乎，哈哈一笑，全不放在心上，这样或许你和他还能成为朋友。你想怎么选择呢？他说我选择忽略，我还想玩！后来在其他场合也有人叫他小胖子，他都是忽略对待或者哈哈一笑，从来没有因为这个影响了自己的心情。

有时候孩子想做一件事，却遭到了别人的嘲笑，这时父母也要帮助孩子坚定他自己的想法。为了迎合别人而改变自己的目标，其结果必然是自己难以接受的，那么做这件事对孩子来说就没有意义了。并且迎合和自我否定带给自己的反而是更多的干扰，从而影响自己做好这件事。

做了错事时

做了错事后有两种选择，一种是逃避，甚至撒谎，另一种是选择面对和担当。告诉孩子，如果选择逃避、撒谎，心里会时刻不踏实。也要让孩子知道，没有人不犯错误，面对错误，改正错误，承担责任，才能真正得到快乐。选择面对和担当，也会赢得更多人的尊重，获得更多的机会。

孩子犯错误时，父母的态度很重要，如果父母不苛责，不嘲笑，不翻旧账，而是给孩子改正的机会，那么当孩子下次再犯错误的时候，内心就不会有那么大的压力，他会更愿意选择承认和面对。

事情没有按照预期发展时

世界时刻处于变化之中，期待每一件事都按照自己的预期进行是不现实的，很多时候就需要选择变通。我们要告诉孩子，遵守约定很重要，但不能期待每个人都能做到，因为有很多不可抗拒的因素。如果事情发生了变化，我们要思考的是接下来我们的选择是什么，这才是我们能够把控的。

比如约好和小伙伴见面，但是对方迟到了。这个时候我们可以选择抱怨、责备，后果很可能是不欢而散，影响接下来的心情；也可以选择宽容，这样能赢得更多的友谊。给别人机会，同时想办法实现自己的目标，这才是最好的选择。

生活中我们总能发现，有的人充满挑剔和抱怨，而有的人却充满阳光和热情，是因为他们没有经受挫折和苦难吗？一定不是，导致二者不同的是，他们在面对挫折和苦难的时候做出了什么选择。我特别欣赏崔万志在《超级演说家》中说过的一句话：世界是一面镜子，照射着我们的内心，我们内心是什么样子，这个世界就是什么样子。选择抱怨，我们内心是充满痛苦、黑暗和绝望的；选择感恩，我们的世界就充满着阳光、希望和爱。

孩子面对的世界更加多元和充满变化，即便是有着丰富经验的我们，在某些时候也难以应对。帮助他建构选择与决策的能力，不只是为了摆脱当下的烦恼，也是给予他应对未知世界和未来生活的力量。当孩子明白，我们无法决定风向，但我们可以决定风帆，那么，即便在看似没有选择的时候，他依然会做出最好的选择。

正确的自我评价，让孩子拥有持续的内在动力

我特别欣赏谷爱凌在冬奥会夺冠之后说的那段话："我并不是想要让所有人都满意，我只是一个 18 岁的女孩，我只是希望可以享受我自己的生活。事实上我并不是很在意别人高兴与否。我觉得我自己在竭尽所能，也在享受整个过程。"这样一种自我认识和评价，内心不为他人所累，或许正是她能够坚持不懈并且挑战成功的重要力量。

但是要做到正确的自我评价，何其不易。自我评价有一个特点，它往往是与从他人身上看到的东西加以比较的结果。因此，当我们对自己做评价时，总是会受到各种因素的影响：权威的评判、他人的非议、面临的各种不如意的结果，等等。别说是孩子，即便是对大人来说，这些都是巨大的压力，让我们常常迷失而难以认清自己。

但是，即使压力重重，良好的自我评价能力也是我们必须去追求并且具备的。只有正确地进行自我评判，才能不受他人的控制，真正感知自己的需求，朝着自己希望的目标发展。当一个人的人生在自己的掌控之中时，他才在真正意义上成为自己的主人。相反，取悦别人很容易，但那样很难真正得到自己的快乐，而且注定会身心疲惫。

如果一个孩子总想着迎合别人，说明他是不接纳自己的。很多人一生都在为别人而活，这是一种悲哀。听从内心的声音勇敢做自己，反而能吸引更多人。

如何帮孩子培养良好的自我评价能力呢？我觉得有三点很重要。

父母要放下自以为是的评判

面对问题，很多父母常常会告诉或者要求孩子应该怎么做，不应该怎么做。这种想法和做法都是要摒弃的。很多时候我们连自己都不了解，如果用这种有局限性的认知去指导孩子，怎么能指望孩子的自我认知与评价良好呢？

你可能会说，我怎么不了解自己呢？那不妨看看下面这个问题：

某商人刚关上店里的灯，一男子来到店内索要钱款。店主打开收银机，里面的东西被倒了出来，然后那名男子跑开了。一名警察很快接到了报案。

请你判断下面几种说法哪些是正确的，哪些是错误的，哪些是“不确定”的。

1. 店主将灯关掉后，一男子到达。
2. 抢劫者是男的。
3. 来的男子没有索要钱款。
4. 打开收银机的男子是店主。
5. 店主倒出收银机里的东西后逃走。
6. 故事里没提到收银机里有多少钱。
7. 索要钱款的男子倒出收银机里的东西后离开。

8. 抢劫者打开了收银机。

9. 抢劫者携款逃走了。

10. 故事里涉及三个人物：店主、抢劫者、警察。

我曾在很多场合给父母们出过这道题，得到的答案各不相同，然而答对的极少，甚至像第 3 和第 6 这种线索极其明显的说法都有人回答错误。店主就是商人？男子就是强盗？故事里提到的钱有多少？（正确答案是：1. 不确定；2. 不确定；3. 错误；4. 不确定；5. 不确定；6. 正确；7. 不确定；8. 错误；9. 错误；10. 不确定）。仅仅是一篇几十个字的故事，我们对什么是真实都难以了解清楚。面对其他情况，我们又何以确认自己所见所想是正确的，进而对孩子的想法和行为指手画脚呢？

况且，很多时候我们坚定地认为的真实，就一定是真实的吗？最近我陪儿子读一本书，里面有几段话，特别触动我。

很久以前，人们认为地球是平的，太阳围着地球转，人类无法飞行，人们相信这些都是真的。但是现在人们认为地球是椭圆形的，地球围着太阳转，只要借助飞机或火箭，人类就可以飞行，人们也相信这些都是真的。这是不是意味着真实也会发生变化？

如果我告诉你，雪花是洁白的，但是你从来没见过雪，你会相信我吗？

如果我告诉你，火是炙热的，但是你从没摸过火，你会相信我吗？

如果我告诉你，芝士汉堡很难吃，你会相信我吗？

是不是别人告诉你什么，你就得相信什么呢？又或者你会自己去查明事情的真相？

那些你看不到的东西，有没有可能是真实的呢？

白天你看不到天上的星星，但它们却在天上和你打着招呼。

……

谁能说自己认为的真实就一定是真实呢？人类对世界的认识一直都在不断进行中。当我们不再一味地按照自己的认知去评判，而是教孩子用更宽广的胸怀、探究的态度、谦卑的方式来看待他人、看待世界，才能最大程度上帮他突破自我局限。或许更好的方式是，我们可以和孩子共同探索。只有我们给了孩子无限的可能，他才能按照无限可能的方式去发展。

当遭遇他人否定时，让孩子明白人与人之间总有不同

每个人的性格、喜好、认知都不一样，看待问题的时候也会有不同的观点。这些往往很难用对错区分，而应该通过理解、接纳、沟通来解决。我曾创作过一本绘本故事叫《太空奇遇记》，讲的是地球人嘲笑外星人四不像，可外星人也觉得地球人很丑，地球人用点头表示同意，可外星人恰巧相反。如果每个人都站在自己的认知局限角度来看问题，必然会出现偏差，发生矛盾。

有时我们会被否定，甚至被人讨厌，这一切都是正常的。要让孩子知道，我们没有办法让所有人都喜欢自己，只要我们在追寻自己的过程中不违背道德与良知，不违反法律，那么我们所做的就是正确的。

告诉孩子，当朋友表达他对你的见解时，他说的不一定是事实，如果你太在意，就会伤害到你；你也能表达对朋友的见解，你说的也不一定是事实。

当然这并不是说不考虑别人的感受，一个成熟的自我评价系统，一定是把他人的感受考虑在内的。我经常跟孩子说：接受别人的善意，但不一

定照做，因为那有可能恰恰是别人的局限；笑纳对方的否定，但不一定要相信，因为那来自他做不到；忽略别人的嘲笑而坚持自己的行为，因为别人的嘲笑取决于他自己的修养。

我儿子上幼儿园的时候，有一阵因为特别喜欢听三国故事，喜欢赵子龙，就自己披着白床单当袍子，上幼儿园也要穿着，很多人都指指点点。我鼓励他说，你穿白袍子伤害别人了吗？他说没有。我又问，影响别人了吗？他说没有。我说，那你看人家在笑话你呢。他说，那是他素养不够，跟我没关系。穿了几天之后他觉得不好玩了，就不再披着了。我很庆幸他对自己的行为有正确的评价，没有受到别人非议的影响，因为我经常跟他说，每个人都可以不一样，他记住了。

正确看待事情的结果

告诉孩子，发生了不愉快的事情或者一件事做失败了，不要被结果困扰。既然发生了，我们要做的就是接受，然后分析哪些是可控因素，哪些是不可控因素。我们往往被那些不可控的因素困扰，结果徒增烦恼。不如看看在可控的因素上有哪些是要注意的，争取下次做得更好。

允许自己难过和有情绪，但要向前看，把精力放在接下来的事情上。失败与成功始终处于一种动态之中，没有纯粹的失败，只要不灰心，失败就只是成功路上的一个有效尝试和台阶而已。

我儿子有一次参加钢琴比赛，没有拿到奖，情绪有点儿低落。我们安慰他之后，跟他说：比赛就是充分发挥展现自己掌握的技能和内在品格的机会。比赛决定不了什么，放在你的成长过程里，每一项比赛结果都不值一提。而且，得奖了庆祝，并不是庆祝结果，而是庆祝过去的坚持与努力。你努力了，坚持了，那也值得庆祝。后来他参加别的比赛，心态就非常好，即使没拿到奖，他也能很淡然地面对。

他得奖的时候，我们会告诉他，得奖是你前一个阶段努力和付出的结果，也可能有运气的成分。这就是你生活的一部分，你要继续努力。

当孩子明白了失败和成功总是结伴而行，那么不管面对怎样的结果，孩子都会表现出一种内在动力，因为他的心理健康状态始终处于一个较高的水平。

第6章

走出快乐教育的迷思

成长就是持续的变化，有些快乐注定要伴随痛苦，一如化茧成蝶的过程。帮助孩子形成良好的内在品格，才能让他真正享受生命中随时可以享有的快乐，对于挫折、痛苦也有正确的认识。

孩子的成长是快乐的，还是痛苦的

经常有家长在送孩子来幼儿园的时候跟我说，对孩子我不求别的，只要他快乐就行。老师听到家长这么说，总是很有压力，生怕孩子回家说在幼儿园不开心，一旦这样，家长就会焦虑，甚至要求查看监控。

能够关注孩子的心理感受是社会发展的一大进步，但同时需要我们关注的是千万不可矫枉过正。希望孩子开心快乐，固然是每个家长的心愿，由于个别极端事件的发生，家长想保护孩子不受伤害也是可以理解的，但如果看不得孩子片刻的不高兴，希望孩子每件事、每天都快乐，又何尝不是一种过度保护和溺爱呢？

我们都希望孩子快乐成长，但快乐成长需要一个前提，那就是孩子与父母有健康的依恋关系。但实际上很多孩子由于睡觉晚了没睡好、没吃上想吃的零食、想黏妈妈，等等，都没有做到快乐地来园，又怎么能指望孩子来了之后能一整天开心呢？当孩子与家长没有建立起健康的依恋关系，孩子在学校就很容易出现情绪问题，而家长却往往把原因归咎于学校。

这种依恋关系从入园适应度就能看出来。比如有的孩子3天就适应了，有的需要1周，有的1个月还不能适应。如果超过1个月还没适应，大概率孩子与家长的互动关系是有问题的。这类孩子在学校会经常不开心。

而且，有时候孩子开不开心，其实家长也未必能准确地感知。这里我讲两个在幼儿园发生的小闹剧。

有一次，我们学校举办运动会，还没开始，就有老师过来跟我说，有两个家长打起来了，让我出去看一下。我一看，有两个妈妈正在吵架，两个爸爸也在相互推搡着。老师告诉我，排队的时候，站在第三排的一个孩子特别想站第一个，站在第一的那个孩子不愿意让，俩人开始拉扯。其中一位妈妈看到后不高兴了，过来批评另外一个孩子，被批评的孩子一哭，他妈妈正好看到，结果两个妈妈就吵起来，两个爸爸也动起手来。

我问老师，孩子在哪呢？他指给我看，我一看，这俩孩子正头碰头在地上蹲着玩呢。我就对几个家长说："停，停，你们等会儿再打！"四个家长一愣，看着我。我指着孩子让他们看，他们顿时安静了，脸上都露出羞愧的表情。

另外一次是两个妈妈，她们从幼儿园到大学都是闺蜜，两家的孩子一个男孩儿、一个女孩儿，也在一起上幼儿园。这一天离园的时候，因为男孩儿问女孩儿要棒棒糖，女孩儿不给，男孩儿就哭了，正好男孩儿的妈妈看到了，就把女孩儿说了一顿，女孩儿也哭了。结果两个妈妈就吵起来了，闹到那个女孩儿退园了。后来园长告诉我，那个男孩儿跟她说："我可想果果（那个女孩儿）了，可是妈妈不让我跟她玩了。"

父母总觉得自己孩子吃亏了，觉得孩子内心受了伤害，不开心。然而孩子真的不开心吗？很多时候父母其实都是在以自己的感受代替孩子的感受，认为孩子不开心。这样的父母，他们的孩子即便没有不开心，很可能也会因为父母而变得不开心。

孩子有时候表现得不开心，家长的态度很关键，特别是孩子遭遇挫折的时候。比如一两岁的孩子摔倒了，本能反应会哭，但是很多情况下，如果不是很严重，他首先会扭头看父母，如果正要哭的时候发现家长不在旁边，他往往会自己站起来继续玩；如果发现家长在旁边，他会哇哇大哭，这时如果家长赶紧过去，他会越哭越伤心。

之所以哭，一是因为家长的惊讶让孩子觉得自己好像确实遭遇了什么危险，真的感到害怕了；二是家长过度的反应会让孩子对痛苦的敏感性增强。我们当然要关注孩子的感受，但只有我们的关切用一种合理且从容的方式表达的时候，孩子才能体会到，同时有利于他情绪的恢复。

快乐是一种情感体验，也是一种情感状态，这种状态的长久稳定存在，必须建立在正确的人生观、价值观、世界观基础之上。一种乐观的积极向上的心理品质，是我们最终需要获得的快乐证书。尽管培养和保持快乐的心情对个体的成长与发展至关重要，但快乐绝不是成长与发展的全部，因此无法替代成长与发展。而且，快乐有着多个层次的含义。吃喝玩乐、尽情享乐是一种快乐，这些更多的是生理需要的满足；安于一隅、坐享其成、苟且偷生是一种快乐，这些都只是暂时满足的心理需求，是一种暂时的低水平的快乐；助人为乐、乐善好施、乐观、乐学、乐思、不断探索未知、不断超越自我则是另一种快乐，属于更高层面。

家长希望看到孩子满足而快乐，更多的是只看到最基本的身心需要。教育应该帮助孩子升华去满足更高层次的需要，实现更高层面的快乐。教育的目的是让学习、探索、突破成为一种享乐，让孩子乐学、乐思、乐行，让孩子感悟智慧的满足、精神的享受。更为重要的是培养孩子勇敢、自信、乐观、积极的心理品质，使之成为孩子一生发展的动力。

为了让孩子达到暂时性的快乐，很多时候家长容易放弃原则、牺牲尊严、迁就妥协，结果只是暂时性地满足了孩子的需要，却使孩子产生更难满足的新的需要，一让再让，导致孩子产生任性心理，一旦不能满足时，会立刻变得不快乐，很难培养孩子积极向上的人生态度。其实有时候，受苦也是获得快乐的必要途径。越是没有吃过苦的人，越感受不到真正的快乐的滋味，因为他对快乐不敏感。如果看不得孩子承受一点儿压力、经受一点儿挫折、吃一点儿苦头，总是想方设法代劳，那么孩子将来面对挫折时就很难保持乐观心态。

就像在长途跋涉中经历了饥渴才知道重尝水之甘甜的快乐，在比赛中经历了拼尽全力的过程才会获得“酣畅淋漓”的快乐，只有找到最想追求的方向且能够为之奋斗的人才知道“忘我”是一种什么样的快乐。再如从骨折等病痛中恢复居然还能再次回到赛场的选手才会懂得“职业生涯如生命一般”的快乐，也只有这些人才能真正懂得为什么明明“该开心了”却反而流泪的感觉。

怎么能够让孩子更容易体会到成长的快乐，或者说拥有高质量的快乐呢？我觉得很重要的一点是要以孩子的发展为中心，一步步鼓励他去战胜困难。孩子有了适当的空间自己成长，他才能够真实地感受到自己的情绪。总是由父母代劳的孩子，即便成功了，也很难快乐，因为这种成功要么不是他自己想要的，要么来得太容易，孩子体会不到自己的内在愿望得到满足和突破自我获得成长带来的快乐。

成长的过程中一定不会都是快乐，成长的每一天都伴随很多情绪的变化。孩子也常常面对很多不快乐的时刻：

有一天在学校没有遵守纪律，被老师批评了，不快乐。

有一次比赛没拿第一，不快乐。

自己的好朋友有了新朋友后不理自己了，不快乐。

朋友聚会没叫自己，不快乐。

被别人嘲笑的时候，不快乐。

……

如果孩子的心理品格没有培养起来，那么各种问题都会带来不快乐。父母要做的不是小心翼翼让孩子每时每刻都感到快乐，不让他承受挫折、羞愧、痛苦，而是要在孩子不快乐的时候做些什么，把每一次的不快乐时刻当成帮助孩子成长的机会。

孩子因为没有遵守规则被批评了感到不快乐，父母要告诉他，不遵守规则有可能让自己或者别人受伤。比如，在公众场合跑跳、大声喧哗，过马路时不看红绿灯，等等，不仅会干扰他人，也会给自己带来安全隐患。所以，遵守规则是为了自己的安全，也是为了他人的安全。让孩子体验适度的内疚感，并告知遵守规则的理由和重要性，他往往会调整行为，那么，以后发生事故、发生不快乐的事情的可能性就小了。

和小朋友一起玩闹不愉快了，可以引导孩子讲讲自己的心情，再想想别人的心情，培养他换位思考和理解他人的能力。这样以后孩子再和别人一起玩，就会更轻松、和谐。

因此可以说，快乐教育其实更应当是“获得快乐的教育”。它不是让孩子一直快乐，永远没有不开心，而是让孩子学会如何获得快乐，甚至从不快乐的体验中获得下次能够快乐的能力。

成长是持续的变化，是一次次的阵痛，就像蝴蝶挣扎着想从蛹里脱离出来，挣扎正是蝴蝶成长需要的过程，如果你帮它钻出来，就会让它失去飞行的能力。我们要关心孩子的感受，理解他的变化，引导他化解生活中的不快乐，只有这样，他才能具备自己寻求和感受快乐的能力。也只有当他形成了良好的内在品格，才能真正享受生命中随时可以享有的快乐，对过程中的挫折、痛苦、不快乐，才有正确的认识。

孩子哪有缺点？那些都是成长的起点

我的孩子情绪控制力差，爱发脾气。

我的孩子娇气，不能吃一点儿苦。

我的孩子缺乏良好的秩序感，没有规则意识。

我的孩子抗挫能力差，不能接受批评。

我的孩子专注力差，缺乏毅力，经常磨蹭。

我的孩子缺乏爱心和感恩之心，不懂礼貌。

我的孩子自理能力差，依赖性强。

我的孩子协调性差，不爱运动。

我的孩子很叛逆，什么都听不进去。

我的孩子不懂分享，以自我为中心。

……

这是很多家长跟我列举的孩子的问题和缺点，这些还仅仅是很小的一部分。许多家长的焦虑、困扰、愤怒，正是来自孩子身上的这些问题。

然而，这些问题在我看来，不仅不值得焦虑，甚至应该感到欣喜。因为这些问题看似是缺点，实际上表明孩子有非常大的成长空间和很强的成长动力。没有任何问题纯粹是缺点，因为孩子是不断成长的，成长的过程中必然充满这样那样的问题，而成长本身又何尝不是在不断地解决一个又一个问题呢？

比如说孩子缺乏规则意识，但这样的孩子思维方面往往比较跳跃，会有很好的创新表现。只要不是有风险或者伤害性的行为，可以允许他自由发展。再比如孩子协调性差、自理能力差、秩序感不强，等等，这些恰恰表明家长需要在这个阶段帮助他，给他提供更多的发展机会。

再比如，很多家长说孩子内向。真的是孩子内向吗？恐怕是因为我们不知道如何与孩子沟通，很难找到沟通点，就想当然地认为孩子内向，而很多孩子在外面是很外向活泼的。况且内向本身不是缺点，相反还具备一定的优势，非常多的杰出人才都是内向型性格。

有一部分父母总喜欢拿自家孩子与别人家孩子比较，觉得别的孩子那样，我的孩子怎么这样，在这样的比较中，孩子好像全是缺点和问题。每个孩子都有自己的发展时间表，我们要做的就是了解他，给予他更多支持。

在一次讲座中，很多家长说孩子叛逆，怎么办？我问孩子多大开始叛逆，有的说 2 岁，有的说 5 岁，有的说七八岁。一场问下来，我发现在家长眼中，孩子竟然每个阶段都在叛逆。

我又问这些家长，孩子叛逆的表现是什么呢？答案倒是很趋同，大多是家长要求孩子做什么事，孩子不做，或者是孩子不按照家长的意愿去表现，让家长觉得受挫、无奈、恼火。原来，这就是他们眼中的叛逆。

我问，按照这样的理解，孩子岂不是一出生就叛逆了？因为那时候他想做什么就做什么，你说什么他都不听你的啊？那时候你为什么不认为孩子叛逆呢？很多家长回答说，那时候孩子不懂事啊！这哪里是懂事不懂事的原因呢？分明是因为小时候家长更多地在关注孩子的情绪感受，孩子慢慢长大，家长也逐渐丧失了觉察力和同理心，也丧失了耐心，更多的时候是采用批评、指责、说教的方式，导致孩子出现所谓的叛逆。

其实，孩子的“叛逆”不仅不是问题，反而是值得高兴的事，因为这表明孩子有了力量，他的自主意识开始萌发了。所有父母都希望孩子有主见，但许多父母却总是希望孩子乖乖听话，让孩子按照自己的想法成长。孩子从小就被剪掉了翅膀，父母却又希望他长大后能展翅翱翔，怎么可能呢?

与其抱怨和指责孩子的问题、缺点，不如把问题和缺点当作起点，找到孩子的发展节奏，给予有效的支持和帮助。

有一个案例让我至今难以释怀。

有一天，大班小朋友浩浩的妈妈来到我办公室，哭着对我说：“老师，求求你救救我的孩子！”我很纳闷，问她出了什么事。她说这个孩子前两天在一家智力测评机构测出来的智商是67分，也就是智障者，因为分值在90～110分才是正常的。于是家里人都对孩子的学习不抱希望了，只有她不甘心。

我随后到班里去看孩子的状态。当时是在上快乐英语课，其他孩子都在和老师互动，只有浩浩静静地坐在椅子上，嘴角轻轻地动着。我悄悄凑到他跟前听，发现他的回答都正确。我就带着惊喜的语气不断鼓励他：“浩浩回答对了，你回答得真快！浩浩又对了，这么难你是怎么做到的?浩浩你的发音真好听，如果声音再大点就更好了……”然后我退到教室后面继续观察。浩浩每过一两分钟就会回头冲着我摆摆手、笑一笑，持续了五六次。看到这一幕我内心五味杂陈：这么好的孩子怎么可能智力不达标呢?我出门以后告诉孩子的家长：孩子没问题，不要理会那个测评结果！

后来我才了解到，原来这个孩子上了幼小衔接班，加减法进退位掌握得很不好，于是孩子的爸爸给他辅导。爸爸脾气特别大，孩子稍微没有理解意思，爸爸就大声吼叫：注意听，我都讲了三遍了！奶奶也在一旁帮腔：把耳朵掏干净听你爸爸讲。孩子越被吼越做不出来，只是呆呆地看着桌子，爸爸想来想去怀疑孩子脑子有问题，于是就去做了那个测评。

当然不是说测评不对，只是测评的误差很大，测评者的经验能力、测评环境、孩子当时的情绪、孩子的性格、陪同人员与孩子的亲密关系，等等，都会影响孩子的测评结果。这个孩子是在爸爸的陪同下去的，压力之下，结果可想而知。

孩子在成长过程中一定会遇到这样或者那样的困难和障碍，我们首先要接受孩子面对这些挫折的情绪状态，接受孩子目前的发展水平，意识到这个水平不叫差，更不叫缺点，恰恰是这个孩子教育的起点。父母应该在这个起点上，帮助和支持孩子找到适合他发展的成长阶梯。

孩子在使用一些技能的时候，刚开始不会，往往都会有挫败感，然后情绪不好。就拿扣扣子来说，孩子会很不耐烦，有的会放弃，有的会乱发脾气大声喊叫，甚至摔东西。这时候很多家长会说，别着急！别着急！这样说是没用的，因为你没有接纳他的情绪。有的父母还会冲孩子发脾气，有的干脆代劳。其实这个时候恰恰是孩子学习情绪控制以及培养技能的好机会，但父母首先要做的是接纳。可以这样做：父母自己也扣一下试试。第一次故意扣不上，假装自言自语，“没扣上，没关系，再来”；第二次还故意扣不上，再说“没扣上，没关系，再来”；第三次、四次都没成功，于是你故意装作很生气、很着急，说“我很着急，怎么老扣不上”，然后做出深呼吸状，“再来”，终于有一次扣上了，再给自己庆贺一下。于是孩子就学会了。

身教重于言传，你怎么做，孩子是会模仿的。孩子看到你控制情绪和不断尝试，也学会控制情绪和耐心尝试，知道了所有人包括爸爸妈妈也会有挫败感，但是只要坚持努力，就能克服困难。这样他心里会充满力量，会不断战胜挫折，这就是接纳的力量！

我曾经遇到一个在很多人看来非常有问题的孩子，短短一堂课，他不是朝别的同学吐口水，就是找同学打架，还在老师讲课的时候冲上去拍打黑板。有一次他还躺在地上打滚，嘴里念念有词："别听他讲别听他讲，都看我都看我！"当老师不理睬他继续讲课时，他就翻滚到老师跟前，抱着老师的腿咬了一口。这时候配班老师过来抱他，他一口唾沫吐在老师脸上，老师边擦边说："你怎么能吐老师呢？"这个孩子扬手就扇了老师两巴掌。我赶紧过去想控制局面，当我刚要把孩子抱过来时，他又给了我两巴掌。

很快孩子的妈妈来了，哭着跟我道歉。我这才知道来我们这儿之前，这个三岁半的小男孩儿已经被二所幼儿园劝退过，妈妈很担心在这里又被劝退。为了解决问题，我把常和孩子在一起的家长都请来了。在交流家庭教育模式的问题上，三位家长的回答让人哭笑不得，爸爸说："都怪他妈妈和奶奶，溺爱孩子。"妈妈说："都怪他爸爸太专制了！"奶奶说："我们家就没有这样的人，我也不知道哪儿钻出来这么个'怪物'！"我一听，马上明白问题出在哪里了。他们都在推卸责任，推卸责任背后的原因是不接纳。在不接纳的状态下，所有的错误和责任都是别人的，所有的语言和行为都是指责型的。在这种家庭环境下，孩子得不到有效的帮助和指导，感受是很差的，自然会出现行为问题。

在不接纳的情况下看孩子，会觉得孩子哪哪都是缺点，做什么都讨厌，自己心里是别扭的、难受的，甚至是深恶痛绝的。但是这个接纳，有时候确实很难。尤其是面对行为非常出格的孩子时，很多老师都难以做到接纳。就像这次，带班老师就有劝退孩子的想法。我跟她谈话说，这个孩子已经被劝退三次了，如果离开我们园，他会遇到比我们更好的老师吗？这个孩子如果没有好的习惯，他小学日子会好过吗？中学呢？可以说未来十五年，一家人都会在痛苦中挣扎。如果我们肯付出六个月，我们就能让这个孩子未来十五年的学习生涯都是快乐的，我们还拯救了一个家庭。我们还是要更有耐心和足够的爱心接纳他，帮助他。

后来在家长的配合下，我们对这个孩子做了大量的激励方案和个性化安排，这个孩子表现得好极了。他经常牵着老师的手说："老师你累了一天了，坐下来歇会儿。""老师你渴吗？我给你倒杯水。"也经常做些小手工当礼物送给老师……再后来我不得不提醒老师：你们现在对这个孩子的关注太多了，这样对其他孩子不公平。

老师为什么会这样呢？因为接纳了，接纳孩子的时候，孩子就是犯个错都是可爱的，不是吗？同样的，如果你接纳了孩子，孩子即便真有缺点，在你看来也不是问题，因为你知道需要为孩子在这方面提供怎样的帮助和支持，这正是他新的成长阶段的起点。

兴趣是被培养的，还是被发现的

兴趣是被培养的，还是被发现的？这个问题我在当老师和做咨询的20多年里问过很多家长和老师，大多数的回答是被发现的，少部分的回答是被培养的，还有一小部分认为两种都有。

我为什么会问这个问题呢？因为对这个问题的不同回答，会导致不同的养育方式，对孩子的发展也会带来非常大的影响。

如果认为兴趣是被发现的，那么就会倾向于只有孩子有这方面的天赋表现才有培养的价值，才会被推荐或选拔到相应兴趣班中；如果没有表现出兴趣，则会认为这是天赋使然，没有必要浪费时间。这种现象比比皆是。如果认为兴趣是被培养的，就是承认孩子的兴趣是多元的并且各种智能都有很大潜力，而是否表现出兴趣，取决于我们如何更好地引导和激发。如果没有表现出兴趣，教育者会认为是自己的原因，继而会竭尽全力继续探寻方法。

实际生活中，我们也经常听到父母这样判断孩子是否有某方面的特长，比如，“我的孩子不喜欢画画，随他爸”“我的孩子不喜欢运动，随他妈”。事实上，我在教育实践的过程中发现，幼儿阶段的孩子都喜欢篮球和跳绳，都喜欢音乐、阅读、画画和古诗，都喜欢探究新的事物。只要给他提供相应的环境和条件，几乎没有孩子不喜欢的。这些兴趣爱好，涵盖了运动、艺术、语言、社会、认知等方方面面。

为什么呢？秘密在于，我们的老师相信孩子的潜力。我在教育的过程中，包括在对老师的培训中，特别强调的一点就是，要不断反思，避免给孩子设限，不贴负向标签。同时深信孩子的兴趣不是被发现的，而是被培养的，环境比天赋更重要，环境能让孩子的兴趣得到激发和保持。

这个环境一方面是外在物质条件，另一方面也包括父母对孩子的激励。

北京冬奥会单板滑雪男子大跳台决赛中，苏翊鸣以两次近乎完美的1800度力压一众对手，夺得金牌，成为中国最年轻的冬奥会金牌获得者。这样一位运动员，在众人眼里堪称天才。然而他在夺金后接受采访时却说："所有的人都说我是天才，或者是有天赋，但是我觉得那只是我比别人有一点点优势，如果我不努力或者说努力得不够，那就什么事都不会发生。"

苏翊鸣的父母都是滑雪爱好者，他4岁就被带上雪场。如果说苏翊鸣对滑雪有天生的兴趣，那么有几个孩子是不喜欢雪的？又有几个不是在滑雪场待一天都不想走的？正是父母自己爱好，并且提供了这样一个环境，让他爱上了滑雪。他7岁的时候骨折了，这对于滑雪运动来说是很不利的，但是他醒来的时候，妈妈对他说的第一句话是"宝宝，咱们不能因为遇到困难就放弃这个滑雪"。妈妈不希望他因为一次受伤，就有退缩的想法。记者问她："你不心疼吗？你是怎么坚持下来的？"她的回答是："我在面对别人的时候只能说，孩子太热爱了，作为家长必须全力支持。"很难想象如果没有妈妈的坚持和坚强，还会不会有苏翊鸣站在冠军领奖台上的这一幕。

很多时候孩子的兴趣没有保持下来，除了刚开始的引导方式不对，更多的是没有挺过兴趣成为内在动机的枯燥期。苏翊鸣的滑雪兴趣明显是父母培养的结果，不论是外在环境，还是父母对他的鼓励，都是非常重要的因素。而且很多时候，父母的坚持比孩子的坚持更重要，因为孩子的坚持依赖于父母的坚持。

更重要的是，当父母不断地告诉孩子“你行”的时候，孩子真的就变得行了。因为语言会改善孩子的心理环境，当孩子心里有了能量，对一件事情怀有热切期望的时候，通常会产生积极的效应，从而产生积极的结果。我们前面提到的心理学上的罗森塔尔效应，讲的就是这个道理。那些发生巨大变化的孩子，不过是受到了正向语言力量的驱动。

在教育孩子的过程中，特别是在特长培养方面，人们常常会提到一个概念，叫作尊重个性差异，很多父母和教育者非常认同。个性差异确实需要考虑，但我在教育实践中发现，很多时候它被大家用偏了。人们总是认为孩子表现出某方面的兴趣，就是有天赋，可以发展，没有表现出来就是没有天赋，要尊重这种个性差异。其实，孩子没有表现出对某方面的兴趣，并非他没有这方面的特长，需要反思的是，我们有没有去探求孩子没有表现出天分的原因是什么。如果我们没有想办法激发孩子对某方面的兴趣，就会导致所谓的“孩子对某方面没兴趣”，这时候用尊重个性差异的理念去教育，会抹杀很多孩子本可表现出的兴趣和特长。

另外，没看到孩子的兴趣表现并不代表孩子在这方面没有兴趣，看到了他的兴趣表现也不代表这就是孩子的特长。每个孩子都有自己的发展时间表，我们又怎么能把某个阶段的相对优势界定为特长或者说天赋呢？

说到底，尊重差异的教育其实也是一种标签教育。其准确度是很值得深究的，因为它依赖于贴标签者的水准，孩子经常会因为教育者的不同而表现出不同的兴趣或者不同程度的兴趣。

我儿子跟我学习思维课程，朋友听说了也让孩子来跟我学，说是之前跟另一位老师上了几次课，孩子不喜欢，但是这位爸爸还是觉得应该学习一下。没想到的是，那个孩子在我这里表现得很有兴趣。有一次，我们学习和讨论了整整3小时，她都意犹未尽，可以说她对思维方面是很有兴趣的。如果没有上我的课，那是不是就判定这个孩子不喜欢思维课呢？

我上中学的时候也经历过这样的事。高二的时候新调来一位英语老师，他发音纯正、优雅，也很敬业，班上很多原来对英语不感兴趣的同学，从那以后都爱上了英语课。连班上平时很爱捣乱的两个同学，上英语课都静悄悄的。

你看，孩子喜不喜欢学习，很大程度上真的取决于老师的教育方式，当然也包括作为孩子第一任老师的家长。在孩子小的时候，因为一次或几次表现就贴上标签是不合适的。基因给了孩子巨大的发展空间，父母和教育者要做的是善于等待和引导，而不是妄下论断。

说到特长，不得不提的另外一个概念是因材施教。因材施教本身是没问题的，但是我们往往忽略了，孔子提出这个理论时的实际情况是，他最小的弟子已经15岁了。这就意味着，他所有的学生个体已接近成熟，他们所表现出的个体差异是经过多年的发展而形成的，趋于定型。针对这个年龄段的学生，因材施教、扬长避短当然是非常合适的。然而这样的理论对于年龄更小的孩子却是不适合的，因为年幼的孩子大脑处于高速发展期，可塑性极强，他是哪方面的“材”，还难以界定清楚和准确。

低年龄段的孩子处于大脑结构性发展的黄金期，发展的潜力巨大，因此更应当采用的是全面发展的思维。因材施教可以作为教育方法，让孩子在他的起点上更进一步，以及怎么对不同性格特点和发展水平的孩子进行针对性的培养，而不是作为教育观。经过一段时间的全面发展，再择优培养一项或者几项特长，就会更加清晰。

严规矩、宽思维，让孩子富有创造力

谈到创造力，你是不是立刻会想到自由自在、尽情探索呢？很多父母希望孩子有创造力，想尽办法为孩子提供宽松的环境，甚至孩子触犯了某些规则也不觉得有什么问题，反而认为孩子思维活跃，富有创造力。

但是，创造力真的必须突破规则吗？我们来看一项统计结果：自诺贝尔奖设立以来，德国人（包含移民的德裔）获得的诺贝尔奖占总数的一半左右，而德国总人口仅有 8300 万左右，也就是说，全世界剩下的 79 亿多人口获得的诺贝尔奖数量，跟德国的几乎持平。这样一对比，德国在这方面的确非常了不起。

这个结果是不是特别不可思议？诺贝尔奖得主个个都是创造力超群的人，难道德国人特别聪明，天生特别有创造力？似乎也不见得，德国人做事中规中矩是世人公认的。而另一项统计表明，全世界的孩子智力上是没有特别明显的高低之分的。

那么德国人的创造力来自哪里呢？很多人从教育中找原因，发现德国的早期教育不急于对孩子进行智力开发，而是先教会他们快乐地学习和生活的本领，这可能是他们长大后具有创造力的关键。关于这一点，有很多研究，但是我想德国人的严谨或许也是很重要的一项因素吧。

很多人可能会觉得，严谨，规则意识强，那不是会困住、约束、限制，甚至破坏孩子的创造力吗？为什么说它能带来创造力呢？是的，创造力需要自由，然而没有规则就谈不上自由。规则并不等同于约束、禁锢、扼杀，相反，很多非常优秀的人都是高度自律、懂得自我管理的，自我管理本身也是一种规则。

规则有时候是为了保护自己，比如交通法规，无论多自由的人，都不能脱离这个规则；有时候是为了保护他人的权益，比如公众场合不能喧哗，不能触犯别人的隐私。

规则有时候是为了获得更多的快乐，比如懂得合作的规则，懂得分享，就能获得更多的回报，得到更多的快乐。

规则有时候也是为了做成更大更有趣的事，比如航天事业很伟大，但它不是一个人能完成的事，甚至玩网络游戏也需要遵守规则，做好自己应做的任务，才能共同完成一个大目标。

规则有时候是为了节省时间，比如物品摆放，遵循哪里取的放回哪里的规则，就能避免下次找不到的情况，从而节省时间。

因此，遵守规则看起来是一种束缚，实际上却是人与环境、与他人，乃至与自己相处的基本准则，能够让人变得更加自由；当你不受规则约束的时候，反而会处处受阻。很难想象，一个不受健康规则约束，连自己的健康都保障不了，与他人与社会相处也时时受阻的人能够做好事情，更别说创造力了。

创造力最明显的体现是在科学研究上，而科学本身就是遵循规则在运行，我们的创造力恰恰在于不断探寻这种规则，创造活动就是遵循规则、探寻规则，并呈现规则的过程。只有相信事物本身在一种规则之下运行，具有一定的规律，我们才能够投入全部的热情去研究，创造力正是在这个过程中释放出来的。

当我们能够遵守规则的时候，就避免了很多心理损耗，进而获得更好的心境、更好的资源支持，节省出更多时间用于思考和创造。可以说，规则保证了我们能够具备创造力。

在遵循规则的前提下，我们如何帮助孩子释放创造力呢？我认为以下八个方面很重要。

家长是否能欣赏孩子的奇思妙想

孩子总是充满奇思妙想的，奇思妙想是创造力的萌芽状态，父母如何看待和引导孩子，决定了孩子的奇思妙想能否转化为创造力。

我儿子 4 岁的时候有一次说他想做一个飞行器，想要用喷气来决定飞行器的上下、左右、前后运动，还想让我坐上去太空。他那时候还不知道现在的火箭已经很先进了。如果我跟他说："你怎么能把爸爸送上太空呢？太危险了！"或者说："现在的火箭都很先进了，喷气式飞行器太落后了！"他可能立刻不想玩这个游戏了。我是怎么做的呢？我听他这么说完，充满惊讶地说："儿子，你这个创意太好了，我们一起完成吧，看看做出来的飞行器是什么样子的。"于是我们一起查阅资料，一步一步认识飞行器，还做成一个小小的飞行器，飞了一定的高度。他见飞行器飞了起来，非常兴奋。我告诉他，想要飞行器飞得更高，就需要学习更多的物理知识。后来他特别喜欢看物理类的书和实验节目。

当孩子的创造意识得到很好的保护，他就很可能对某方面产生浓厚的兴趣，创造力也不知不觉萌芽了。

是否能接受孩子的捣乱和破坏行为

孩子总爱搞破坏，各种拆玩具，特别是男孩儿，有时会让父母很恼火。

但是我们发现很多后来从事发明的人，比如爱因斯坦、爱迪生，他们小时候都非常爱拆东西。把孩子的这些行为看作是捣乱还是探索，决定了我们如何去引导他，孩子的创造力往往是在“破坏”中发生的。

当然，破坏要在社会规则之内，只要不触犯规则，不会带来危险，都可以鼓励孩子大胆地探索。

是否经常带孩子体验新事物

多让孩子体验新事物带来的愉悦感和新奇感，更有利于激发孩子的创造意识。

甚至可以带孩子适当去冒险。冒险是一种行为层面的突破，创造性更多的是思维层面的突破，两者看起来好像没关系，但创造性的实现离不开行为层面的突破。冒险能带给孩子突破的意识和勇气。很难想象一个安于现状、总想待在舒适圈的人，会有多大的突破和创造性行为。

是否能接受孩子的顶嘴行为

孩子顶嘴叛逆，其实是好事，这说明他内心是有力量的。一个有创造力的人必定需要强大的内心力量，这样他才敢于不循规蹈矩。当孩子出现顶嘴和叛逆的行为时，父母要找出问题出在哪里，做好疏导，若是一味打压，只能让孩子丧失内心力量和创造的能力。

是更多地用“不许”“别”“听话”等限制性语言和孩子对话，还是更多地关注孩子的感受

不要把规则变成控制孩子，让孩子迎合你的一种方式。要告诉孩子遵守规则的目的是什么，有什么益处。应该更多地与他探讨或者引导他做事

情的方式、方法，让他在做事的时候思路更开阔、更灵活。

德国著名音乐家舒曼讲过自己小时候的一件事。他14岁那年的一天，母亲问他："你愿不愿意跟我学美术？"他不知道该怎么回答。他对学美术没有兴趣，可是他担心如果拒绝母亲，母亲会不高兴，只好低头不语。母亲笑着说："你的沉默已经给了我答案，但是如果你响亮地对我说'不'，我会更高兴。即使我是你的母亲，也没有权利勉强你去做你不愿意做的事情！"

德国人认为，敢于流露自己的情感，勇于表达自己的主张是孩子个性发展中的重要内容。而压抑孩子的情感需要，总是让孩子服从大人的意见，将会导致孩子丧失自我精神，逐步发展成依赖他人、社会，一味服从、软弱、逆来顺受的人。这样的孩子又怎么能指望他具有创造力呢？

给孩子制定规则的时候，是否太细致

孩子需要规则，但是在给孩子制定规则的时候不要太细，否则孩子会无所适从。只需要制定一个基本规则就够了，划定一个大的范围，把更多的权利交给孩子。你只需要做一个旁观者或者参与者，不要去主导。有了框架，孩子会自己去制定更细的规则，在这个过程中你可以作为一个支持者，当孩子需要建议的时候，提供必要的支持。当孩子在规则之内自由发挥和探索，他的思维就会处在一个很好的水平上，有利于创造力的发展。

是否让孩子更多地参与日常生活事务

让孩子多参与家庭劳动，有助于促进孩子各项机能与内在品格的发展。

生活实践也能帮助孩子积累点滴智慧，这些都可以激发创造力。

也可以让孩子参与解决周围的环境问题，比如分析和讨论垃圾分类的问题，讲讲对雾霾的认识以及治理方法，听听孩子的想法，和孩子一起查资料，形成解决方案。刚开始，孩子的见解或者方案再简单都没关系，允许孩子大胆说出来最重要。

是否积极给予孩子肯定、鼓励和支持

鼓励和支持能极大地帮助孩子建立内在的力量系统，促进孩子产生创造动机。

德国前总理科尔小时候是个性格内向的孩子，无论说话还是做事，都显得比别的孩子慢一拍。小伙伴都叫他笨虫。他曾哭着问父亲："我笨吗？我什么事都做不好吗？"父亲大声回答他："昂起头来，别的孩子能做好的事，你一定也能做好，我一直都是这样认为的！"有一天父亲带着科尔去看海，指着一群在海滩上争食的鸟儿说："你看那边争食的鸟儿，当海浪打来时，小灰雀总能迅速地离开，它们拍打两下翅膀就升上了天空；而海鸥总显得非常笨拙，它们从沙滩飞入天空总要很长时间。然而，真正能飞越大海的还是它们。"

年幼的科尔虽然没能完全理解父亲的话，但是他从父亲那里获得了信心和鼓励。他开始试着去做以前自己认为无法做好的事情，试着在课堂上勇敢地站起来表达自己的见解，试着在集体活动时站在队伍的前面。每天晚上，父亲总会把科尔叫到面前，询问他一天的情况。每当科尔汇报完毕，父亲总是说"太棒了""孩子，你怎么做得这么好"这样鼓舞人心的话。回忆起往事，科尔深有感触地说："一个人的自信心首先应该从父母那里

获得，父母的肯定总是让我感觉非常美妙。”

父母的肯定和鼓励是孩子自信心最初、最重要的来源。在日常生活中，我们应该抓住一点一滴的小事来帮助孩子建立自信心。孩子刚学洗衣服，尽管洗得不干净，也要对他说：“你真棒！”孩子考试比上次高了 1 分，也应该为这 1 分的进步而感到高兴……一点一滴的肯定，最终将累积成孩子强大的自信心。有了自信心，孩子才敢于尝试那些不曾想过的事，在挑战中，孩子自然会释放出创造力。

超常
不是少数孩子的专利

不管是运动领域、艺术领域，还是科学领域，总有一些超常孩子涌现，他们常常被称为天才。天才孩子的确值得称赞，但你有没有想过，其实每一个孩子都有成为天才的潜质，而他能不能成为天才，前提就取决于父母的认知。

如果我们仅仅是仰望天才，那我们或许就选择了庸碌；如果我们认为孩子肯定做不到，自己也绝对做不到，就免不了绝望。而如果我们每次看到天才，得到的是启发，是动力，觉得孩子竟有这么大的潜力，那么，你的孩子很有可能也会成为天才。

我发现，当谈到那些非常优秀的孩子或者天才时，人们特别关注两个方面，一是天赋基因，二是背景资源。

很多人认为基因已定，是没办法改变的。你看，孩子不自律，孩子天生不爱学习，那有什么办法呢？而且父母自己在学习方面也没什么成就，孩子想要超越，难！但是孩子既然已经生了，总归还是要有期望。有期望，又觉得无能为力，其结果只能是指责埋怨多，理解鼓励少。然而又有几个孩子天生就自律，天生就爱学习呢？

还有很多人喜欢把孩子的优秀归结到他的家庭资源上。你看人家那么优越的经济条件、社会资源，想不优秀都难啊！然而，这其实是一种错觉。

很多天才孩子并没有特别强大的背景资源，只是当出现了那么一两位，就会给大众留下特别深刻的印象，这也理所当然成了父母自己不用努力的借口。

事实证明，优秀并不是一出生就决定的。虽然优越的家庭条件能够为孩子提供更好的发展环境，但这并非决定性因素，父母对孩子成长的认知，对孩子的信心，才是决定一个孩子是否优秀的关键。来自中国湖南农村的何江，曾在哈佛大学代表毕业生发言。他的母亲是一个文盲，她虽然不识字，却天然具有优秀母亲的禀赋，那就是热爱学习，并善于鼓励孩子。她经常渴求儿子为她念书，有不懂的就请教儿子。她不但自己实现了成长，还用这种循循善诱的方式启发和滋养着孩子。她的孩子虽然出身农家，却照样能跻身优秀者的行列。

每个孩子都是天才，只是你不知道。如果你的眼睛总是看着别人，又怎么可能把精力放在关注孩子的兴趣培养和心灵成长上呢？当你不能够启发孩子去走一条通往优秀和成功的道路，也不相信孩子可以变得更优秀，又如何指望孩子成为优秀的人？

关于天才论，实在是有太多的天才为我们指明了误区。

爱因斯坦说："人们把我的成功，归因于我的天才，其实我的天才只是刻苦罢了。"

达尔文强调："如果说我有什么功绩的话，那不是我有才能的结果，而是勤奋有毅力的结果。"

爱迪生认为："所谓天才，那就是假话，勤奋的工作才是实在的。""天才是百分之一的灵感加上百分之九十九的汗水。"

鲁迅则申辩："哪里有天才，我只是把别人喝咖啡的工夫都用在了工作上。"

门捷列夫说："天才就是这样，终身努力，便成天才。"

歌德则认为："才能不是天生的，可以任其自便的，而要钻研艺术请教良师，才会成材。"

……

你看，很多人都在崇拜天才，而天才却没有一个人认为自己是天才。他们更希望人们了解他们的努力、汗水和付出。

说到底，天才源于父母的观念，源于对孩子的教育，源于对孩子品格的塑造，源于对孩子兴趣的激发。而这一切与天赋和资源关系并不大。当然我们也不能完全否定遗传基因的作用，只是遗传基因给予孩子的每一项能力都有非常大的成长空间，虽然每一项的起点不一样，但可以发展的范围都是我们远远无法触及边界的。

很多时候，我们发现孩子在某一领域发展得特别好，那是因为天赋吗？多半不是，而是因为影响这个方面的基因在适宜的教育环境下，得到了良好的表达而得以呈现，从而让这个孩子在某方面表现出超越别的孩子的状态。如果另一个领域得到了同样良好的发展，孩子也一样会在这个方面表现优异。

所以你会发现，有的孩子从小是小胖墩儿，看起来似乎没有很好的运动天赋，但通过训练，他的运动水平依然能够超越绝大多数同龄孩子；有的孩子一开始很内向，不敢说话，看起来没什么社交天赋，一旦你为他提供好的表达环境，引导他去展现自己，他的表达与社交能力会突飞猛进。这样的例子在我多年的教育过程中比比皆是。因为我深信基因只是给孩子提供了一个潜力发展的范围，我们远远达不到那个边界，又何谈被它束缚呢？只要我们不断帮孩子拓宽他的边界，他就能持续突破，而所谓天才其实就是不断去突破自己的边界。

然而可惜的是，又有多少孩子得到了这样持续发展的空间呢？一个很普遍的现象是，大多数孩子在幼儿园期间都上过一些兴趣班，有的还发展得比较广泛，甚至表现出一些优异之处，但是上了小学，随着学业负担的增加，可供自由安排的时间越来越少，很多兴趣的培养也就停止了。以我观察的学钢琴为例，很多孩子到了小学高年级就不再弹了，有一些甚至终身都不再摸钢琴。上了初中，运动时间越来越少，本来有着很好运动潜质的孩子，也不再坚持运动了，那些在幼儿时期发展得很好的特长慢慢都放弃了。

一位知名钢琴家的长期观察也印证了我的说法，他说随着年龄的增长，坚持弹琴的孩子越来越少。五六岁时最多，三四年级时骤然减少，坚持到初中的就更少了。其实只要坚持到初中，钢琴能成为很多孩子一生的爱好。

而那些连运动、艺术都没碰过的孩子，难道他们就没有运动天赋、艺术天赋吗？这些孩子只是没有展现的机会，或者因为没有得到很好的指导，表现还比较笨拙，于是被认为没有天赋，从而失去了发展的机会。

我不否认有那种大生的大才，但实在是极少。即使是大选之才，如果没有良好的教育也很难成才。其实天赋的差异并没有我们想象的那么大，我们看到很多优秀运动员最初的身体条件并不是特别好，但是与那些公认有天赋的运动员同场竞技，成绩差距是非常小的。这一切不过是有了刻苦的后天训练。所谓没有天赋，恰恰意味着提升的空间巨大，这也正是普通人的希望所在。

环境对一个人的影响比天赋影响大得多，从这个意义上来讲，我们完全没有必要仰望天才。我们更应该想的是，如果我们在发现孩子兴趣的同时给他提供适宜的条件，会怎么样？如果孩子因为母亲的高效能支持，而能像吴纯一样每天练琴 16 小时，像丁俊晖一样每天打台球 8 小时，像韦东奕一样连 100 万元奖金都忘了领取而每天专注于数学研究，那么他是不是也能成为天才？

我必须声明一点，我们需要对超常有个正确的认识。超常教育本身有两种理解，一种是超常儿童的教育，就是先选拔再培养，先有超常儿童，再有超常教育。这种理念在一些学校实施过很多年，很多孩子确实天赋异禀，有成功的案例，但也有失败的案例。对于大多数家庭来说，并没有借鉴意义。

我想说的是另一种：先有超常教育，才有超常儿童。这恰恰是每一位父母可以做到的。超常，就是超越常规，超越普通水平，并没有什么神奇的。如果把平均教育水平定为正常，那么发达地区的教育水平就是超常；同一地区的孩子，不同的家庭和学校构成的教育资源，也有优质和普通之别，相对优质的教育，也是超常教育。在优质教育环境下，同样的孩子发展为优秀的概率要大得多。

从这个意义上讲，无论父母的教育背景如何，手中资源怎样，每个家庭都可以发展超常教育，因为它就是帮助孩子的潜能在现有的条件下得到更好的发展。

实际上，这种教育在我们注意不到的地方正悄悄发生着。比如三十年以前，孩子不爱读书的现象很普遍，现在的孩子普遍爱读书。是现在的孩子学习的天赋比原来的孩子高吗？当然不是，一个非常直接的原因就是，现在的父母教育观念改变了，孩子有了更好的读书氛围。而且我们会发现，现在多才多艺的孩子越来越多。是原来的孩子没有这样的潜质吗？也不是，不过是教育环境发生了变化而已。

很多人看到我们幼儿园里四五岁的孩子每分钟跳绳能跳 150 个以上，惊呼天才！难道这些孩子真是所谓的运动天才吗？不是，而是我们认为孩子具有这样的潜能。如果没有特意训练，很多孩子可能每分钟也就跳十几个，我们不过是给孩子演示了一些技巧，增加了新的互动方式，给予了更多的鼓励，孩子的表现就大大超越了常人的认知。

很多人觉得这些孩子在运动、思维、艺术方面都很有天赋，他们不过是看到了结果。而我们是先相信这些孩子有这样的潜能，然后采取适宜的教育方式，自然就呈现出这样的结果。即便是这些孩子整体发展高过一般的孩子，我们也并不认为他们就无法再提升了，因为家长的认知、教师的水平很大程度上影响着孩子的发展。

我自己的孩子就是一个很好的例子。很多人认为他有多方面的天赋，测试也确实在多个方面有突出之处，但作为父亲，我明白哪里是什么天赋使然？那只是别人看到的结果罢了。比如某一项技能我训练他用了三四个月的时间才做到，而我训练别的孩子两个月就能做到。而且他生性胆小，早期协调性、柔韧性较差，速度方面也不好。但是我认为这只是基因表现的起点，他的潜力巨大，在这样的起点上，我不过是提供了适合他发展的空间和有效的指导，他自己就变优秀了。

每个孩子都是一粒种子。教育的魅力就在于，在它还没有发芽的时候，你并不确定这粒种子是否能长成一棵参天大树，但依然需要满怀热情去照顾；在它还没有能力抵抗风雨的时候，你不知道他能不能茁壮成长，但你也必须全力呵护；当它表现出一株花或者一棵树的特征时，你就必须以它应有的成长方式为它提供必要的支持，而这将决定它是否能花开灿烂，或者枝繁叶茂。

孩子到底应不应该树目标

经常有人问我，陈老师，你希望你的孩子将来做什么？我的回答是，我也不知道！

其实，我也会有很多的设想，设想孩子将来的生活会是什么状态，甚至会具体到干什么会怎么样，或者觉得做哪个方面的工作能给他带来什么乐趣。但这只是我头脑中想象的画面，而不是强加给孩子的，自己想想很开心，仅此而已。

当然，我也会和孩子探讨，将来想做什么需要具备什么样的能力，要怎么样才能达到。至于孩子如何选择，我不会帮他做决定。

还有的人会跟我说，陈老师，你的孩子很优秀，将来一定会很成功。我会反问，什么是优秀和成功呢？很多人会说考上名校啊。我的回答是，考上名校不一定是优秀，也不一定是成功。我知道听者可能并不认同，但这确实是我的想法。

不上好大学就不能算优秀，上了好大学就有了一切，这是当下很多人的认知。的确，上一所好大学能带给孩子深远的影响，但这绝非一个人的终极目标，如果以上好大学来论成功就更失之偏颇了。你会看到，大多数人并没有很值得炫耀的学历，但是他的生活、工作一样让他感觉满意。当一个人的内心是安定的、幸福的，他就是成功的。

世界始终处于变化之中，有什么是恒久的成功呢？如果要定义，我想勉强可以说是持续、自发、主动、高效地学习吧。这样才会有持续的竞争力，而这并不是上了好大学就一定能具备的。读书不是一个阶段的事，而是需要终身去做的事。

说到这里，我想到我的一位中学同学，他的经历给了我特别大的震动。

这位同学初中毕业后上了中专，后来在工厂当工人，但他并没有觉得这一生就是在工厂当工人了。工作之余他自学考了大专、本科，还考上重点大学的工业自动化研究生，最后考上中科院的博士，现在已经是某大学的副教授。

在我读大学的时候，他已经开始工作。有一次假期里我去看他，休息日大家都在打牌，他却穿着工服在学习。那次我住在他的宿舍，夜里我醒来发现他还在看书。后来我又去看他，发现他的电焊工获奖证书堆了一摞，那时候他已经在自考大专了。

他拿到研究生录取通知书的时候，高兴地跑来跟我说：“陈一彬，我俩终于站在了同一条起跑线上，你看现在我也考上研究生了。”我听完眼泪都下来了。我一直认为他的学习能力、自律性比我好太多，没想到他居然一直把我当榜样。我说：“你比我强多了，因为你经历了那么多困难，如果现在眼前有一个困难，即便我们都可以战胜，我们的底气也是不一样的，你一定比我强！”

在他读研究生期间，我曾问他，你会考博吗？他说不考了，这么多年考试考太多了，不想再考了。我说你一定会考的，因为学习和优秀成了你的习惯，你不会满足于眼前的胜利。果然，几年后他考上了博士，而且是中科院的博士。别人都是从名校考上的，而他却是从偏远的地方考来。这个专业的博士大多5～8年才能毕业，而他再一次用勤奋刷新了速度——3年就毕业了。

我的这位同学，当他还是一名工人的时候，我相信他一定没想过将来能读博士，还能做教授。他一开始并没有那么远大的目标，但是在一路拼搏的过程中，他不断突破自我，在持续的学习中成就了自己超强的竞争力，并且在自己喜爱的领域做到了最好。优秀和高标准已经成了他终身的习惯，这何尝不是一种巨大的成功！至于说考上博士、当了教授，不过是顺带的事而已。

你看，成功说到底就是能不断刷新自我，去适应变化，因为这个世界唯一不变的就是变化。接纳变化，适应变化，在变化中不断发展自己，在变化中与自己和环境和谐相处，对现在和未来充满信心，用发展的思维看待错误、挫折和成功，用积极的心态和主动行动面对自己所处的情境，这才是让自己无论在任何情况下都能立于不败之地的能力。

说到这里，你可能会想，那就不要给孩子设定目标了吗？当然不是。只是我们设定的目标，应当更多的是一种内在的品格，比如善良、感恩、坚毅、勇气，等等，而不是外在表现。内在的品格不是因为考上名校就具备了，恰恰是在努力的过程中塑造的，从而让他成就了不曾想过的目标。

当外在表现成为一种目标的时候，往往容易建立一种他评体系，从而被嘈杂的环境裹挟着前行，很容易忽视核心素养的培养。比如分数成为目标，必然会导致孩子缺乏创造性，缺乏学习的乐趣。很多孩子在成绩的压力下，枯燥，痛苦，损害了健康，还造就了一批假“学霸”，他们一旦离开父母、老师的约束，就容易放飞自我，自甘沉沦。

再比如，当金钱成为目标的时候，导致就不仅仅是焦虑，还有精神的匮乏。当孩子的内在品格无法支撑的时候，金钱反而会毁了他。这样的例子数不胜数。

当然我们不是说考名校不好，而是要更关注孩子内心的感受和真正的需求，然后在孩子个性特征上进行更有效的支持和鼓励，从而成就孩子自己的人生轨迹。

对于孩子来说，成长是第一位的。因此，我们应当专注于过程而不是结果。比如学习方面，我们只有不为应试而学习，才能超越应试，让孩子得到更好的发展。当孩子建立起主动学习的素养，客观上也就满足了应试的需求。这样一来，应试只是孩子成长过程中的一个环节，一个短期目标而已。

对于大多数孩子来说，考试都不会是很喜爱的事。如今艺术和运动也纳入了考试科目，如何让孩子依然保持对这些方面的兴趣，甚至成为终身的爱好，不因为成了课程和考试项目而丧失热爱，是需要每一位父母思考的。否则，孩子长大后只会通过外在指标衡量自己的价值，那么他的人生必定不会轻松。

当孩子有自己的爱好和专长，即使没有机会进入名校，即使眼前的目标没能实现，他也一定能有所成就。当孩子明白价值不是由成败来决定，不是由眼前的目标是否实现来决定，孩子的内心就会永远保有希望和力量。而父母要做的，就是用尊重、欣赏、鼓励去回应孩子，让孩子真正找到自己的热爱，然后陪伴他建构起核心能力。

当我们不再给孩子设定外在目标，不再让他变成我们理想中的人，而是帮助他体现出内心的需求和热爱，让他相信自己与生俱来的价值和能力，他一定会据此确定自己的方向，确定成功与否、优秀与否的标准，这样的标准才能够反映他内心最精彩的状态，才是指引他成长、追求的目标。可以说，父母心灵空间的大小就是孩子成长空间的大小，父母拓宽自己的心灵空间，才是让孩子拥有广阔未来的前提。

当我们关注过程而非结果时，孩子天生的好奇心也会萌发出来，自发地产生兴趣和动力。如此一来，我们就在孩子心里播下了热爱学习、热爱生活、尊重自己和他人的种子。他不会为了赢得我们的认同而去追求外在的标准，他响应的是自身的呼唤，满足的是自身的渴望；他不会为了成功而成功，而会努力追求有意义的生活。

在这个过程中，父母不是冷漠的旁观者，而是支持者。我们需要教导孩子，不要专注于获得多少称赞或赢得多少荣誉，而要关注自己投入与付出了多少：我们的态度如何，我们是否足够有毅力和坚持，我们是否足够有效率和勤奋。孩子内心世界的质量终将体现在他的外部表现上。

作为父母，我们不可能不对孩子抱有期待，但我们或许只能期待他拥有良好的品格，尊重自己，尊重他人，尊重规则，尊重生命。至于孩子想成为什么样的人，我们可以建议，可以引导，但真的没有决定权。孩子因我们而来，不是为我们而来，我们的任何期待、愿望和目标，只属于自己，而非孩子。

当我们不再把自己的快乐与否建立在孩子是否达成了自己的心愿，放下过多的要求，让孩子去感知他自己内心的声音，听从内心的召唤，享有自己的空间，满足自己发展的需求，他终将谱写自己满意的人生篇章。